LK9
S93

DE L'ESCLAVAGE

EN GÉNÉRAL

ET DE L'ÉMANCIPATION.

Imprimerie de GUSTAVE GRATIOT, rue de la Monnaie, 11.

Le Sauveur du Monde.

« Venez tous à moi.... je suis la Voie, la Vie et la Vérité. »
(Math. c. XI — Jean c. XIV.)

DE L'ESCLAVAGE

EN GÉNÉRAL,

ET DE L'ÉMANCIPATION DES NOIRS,

AVEC UN PROJET DE RÉORGANISATION

DE L'ACTION RELIGIEUSE,

Considérée comme le premier élément et le plus efficace, pour préparer et mener à bonne fin l'œuvre sainte de l'Émancipation des esclaves dans les Colonies Françaises.

PAR M. CASTELLI,

ANCIEN PRÉFET APOSTOLIQUE DE LA MARTINIQUE,
chanoine honoraire d'Ajaccio.

> « Il m'a envoyé pour prêcher l'Évan-
> « gile aux pauvres, pour guérir ceux qui
> « ont le cœur brisé ; pour annoncer aux
> « captifs leur délivrance. »
>
> Saint Luc, Év. c. iv.

PARIS.
COMPTOIR DES IMPRIMEURS-UNIS,
QUAI MALAQUAIS, 15.

1844.

AU SOUVERAIN PONTIFE GRÉGOIRE XVI,

Père commun de tous les fidèles ;

A SA MAJESTÉ LOUIS-PHILIPPE Ier,

Roi des Français, protecteur universel des libertés publiques ;

Hommage de vénération et de profond respect.

CASTELLI, A. PR. APOSTOLIQUE.

PRÉLIMINAIRE.

L'histoire des temps, en déroulant à nos regards le tableau de tous les maux et des douleurs sans nombre qui, pendant tous les siècles, ont couvert toute la terre, nous montre l'*esclavage* comme la plaie la plus funeste et la plus dégradante de l'espèce humaine.

Oui, le cœur s'attriste, il est frappé de stupeur en voyant l'*Homme*, noble enfant des cieux, image vivante du Dieu d'amour qui l'a créé et destiné à l'héritage de sa gloire immortelle, devenu, parmi ses semblables, une *propriété pensante, et réduit presque à l'état de la brute!*

Déjà cette plaie si *profonde*, dont le genre humain

a été infecté dès les premiers jours de sa naissance, a traversé, toute saignante, plus de soixante siècles ! mais toujours en diminuant de son étendue et de son intensité, nous pouvons le dire avec une bien grande satisfaction. Adoucie d'abord par les mœurs des Patriarches et par la loi de Moïse, pénétrée ensuite par le souffle bienfaisant du christianisme, on l'a vue enfin, cette plaie si vivace de l'humanité, commencer à se fermer et à disparaître entièrement d'une grande partie de la terre, où l'arbre de vie de l'Évangile a pu fixer ses racines et produire ses fruits.

Cependant de grands débris de l'antique esclavage restent encore debout et se montrent à nos yeux sur divers points du Globe. Mais voici que depuis quelque temps une grande impulsion est donnée au mouvement de la civilisation universelle. Un grand travail se fait dans le corps social de tous les peuples. Quelque chose d'insolite et de phénoménal se passe, de nos jours, dans les hautes régions de l'intelligence humaine qu'inspire le génie chrétien. Voyez : la Chine ouverte; l'Empire de la barbarie musulmane chancelant sur ses bases; les plages africaines abordées et soumises par la valeur de nos armes; ces immenses populations de l'Algérie, qui puisent une vie nouvelle à l'ombre de la Croix, qui leur réapparaît avec toute son antique splendeur; l'Océanie et le Nouveau-Monde, que le génie réparateur de l'Évangile travaille et conduit vers un meilleur avenir..... Tout cela nous avertit sans doute que *l'homme s'agite et Dieu le mène*; que Dieu poursuit son œuvre; que, comme celui de sa puissance, l'empire de son amour est sans bornes et s'étend sans cesse sur tous les peuples du monde, dont il veut faire *une famille* et ne plus y voir qu'un seul bercail et un seul troupeau. Ainsi le Providence veille, et gouverne le monde [1].

L'Europe chrétienne pourrait-elle ne point suivre, ne point presser sagement et avec zèle ce mouvement du progrès religieux et social? Ne la verrons-nous pas, au contraire, se hâter de jeter un regard de miséricorde et d'amour sur ces fractions de la grande famille humaine qui gémissent dans l'esclavage sous le ciel des deux hémisphères?

Cette œuvre si grande et si glorieuse de l'abolition de l'esclavage est digne, surtout, de la France, cette nation sainte et magnanime, et si justement appelée

---

[1] Voyez la lettre A à la fin du volume.

la Fille aînée de l'Église. Oui, cela est vrai, et le monde le sait bien ; la France est *la Reine des intelligences*, le foyer des lumières et le temple de toutes les gloires. *Dieu la protége !* il semble l'avoir placée au centre des autres nations comme une colonne de feu dont la lumière éclatante doit éclairer dans sa route le monde moral, et rallier tous les peuples sous le glorieux étendard du Christianisme et de la civilisation universelle.

Aussi depuis longtemps l'abolition de l'esclavage, dans nos colonies, est devenue le vœu unanime de la France, et fait l'objet des méditations de ses hommes d'État. Cette question est devenue d'autant plus importante, qu'elle préoccupe en ce moment tous les esprits, et qu'elle touche de bien près à une foule d'intérêts divers qu'il est essentiel de ménager et de concilier avec sagesse. Cette transition de l'état social de nos colonies à un nouvel ordre de choses, pour être un véritable bienfait et profiter à tous, elle doit se faire *sans rien brusquer, graduellement* et *avec prudence.*

Après avoir consacré plus de neuf ans de nos travaux apostoliques à cette œuvre sainte de la régénération sociale de nos colonies, nous venons lui apporter, par cet écrit, un nouveau tribut de nos veilles et de nos méditations. Nous avons la ferme confiance qu'il sera utile, dans les circonstances actuelles surtout, où s'élabore la solution de la grande question de l'ÉMANCIPATION DES NOIRS de nos colonies.

C'est dans ce but que nous allons donner ici un aperçu clair et positif :

De l'esclavage en général ; de son état actuel dans nos colonies, et sur les moyens les plus sûrs et les plus convenables à employer, afin de bien préparer et de conduire à bonne fin cette grande œuvre de l'Émancipation dans nos colonies, qui doit être une des plus belles gloires de la France et une ère nouvelle de prospérité religieuse et sociale de ses Pays d'outre-mer.

DE L'ESCLAVAGE
EN GÉNÉRAL,
ET DE L'ÉMANCIPATION.

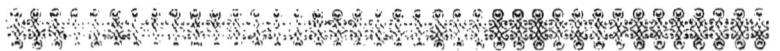

I.

DE L'ESCLAVAGE EN GÉNÉRAL.

L'*Esclavage* est une condition civile de l'humanité qui résulte, comme l'a si bien dit Montesquieu, « de « l'établissement d'un *droit* (le mot *droit* ici ne peut « se traduire que par les mots *abus* ou *barbarie*) « qui rend un homme tellement propre à un autre « homme qu'il est le maître absolu de sa vie et de « ses biens. L'esclavage n'est pas bon par sa na- « ture; il n'est utile ni au maître, ni à l'esclave; à

« celui-ci, parce qu'il ne peut rien faire par vertu ;
« à celui-là, parce qu'il s'accoutume, parmi ses es-
« claves, à manquer à toutes les vertus morales,
« qu'il devient fier, colère, cruel [1]... »

Ces paroles remarquables de l'auteur de l'*Esprit des Lois* suffisent pour montrer combien est anti-sociale cette sorte d'institution consacrée par tant de peuples anciens et modernes sur la face du Globe. L'Esclavage est en effet dans ses conséquences ultérieures, selon l'expression d'un écrivain distingué, *une cause réelle de mort pour la société;* car où existe l'esclavage, il n'y a pas une nation, il y en a deux : celle *qui possède* et celle *qui est possédée ;* celle qui peut tout, et celle qui doit tout souffrir ; celle des hommes faits à l'image de Dieu, et celle des hommes abaissés à la condition de la brute. Dans cet état de choses violent et cruel, qui livre aux uns la vie et l'intelligence des autres, naît une guerre sourde et incessante par laquelle périssent les peuples plus encore que par l'inégale répartition des richesses et du pouvoir. Ainsi ont disparu ces peuples tant vantés de Sparte et de Lacédémone; ainsi s'est évanouie la Puissance romaine; ainsi disparaît graduellement l'Empire

---

[1] *Esprit des Lois.*

mahométan devant la CIVILISATION CHRÉTIENNE, qui, seule au milieu du monde et devant les oppresseurs des hommes, s'est proclamée *incompatible avec l'esclavage.*

L'on a vu à diverses époques des sophistes chercher à justifier l'esclavage comme étant une fâcheuse nécessité, en invoquant la différence des climats, des races, des qualités physiques et morales. Fausses maximes, vaines théories de l'égoïsme et de la cupidité! Il y a contre cela des faits réels et qu'il n'est point permis de contester; il est certain que la différence des climats ou de race ne saurait changer une seule des *qualités essentielles* qui constituent l'être humain; la *nature* de l'homme, ainsi que son *origine*, et sa *destinée*, sont les mêmes pour le genre humain et communes à tous les hommes. Puis aussi il est bien reconnu et positivement démontré qu'il n'est nul point du sol terrestre où le travail ne puisse être libre, et nulle variété de l'espèce qui ne puisse être amenée à exploiter le sol en liberté.

L'on a dit souvent que l'esclavage n'avait eu d'autre origine que celle de la guerre, et qu'il avait été ainsi salutaire à l'humanité, puisqu'au lieu de *tuer les vaincus on les faisait esclaves.* Vraiment?

quelle admirable clémence!.... Ainsi on ne tuait pas le corps, mais on *tuait l'âme*, on *tuait la liberté intellectuelle et morale;* l'homme n'était plus homme, sa vie était un supplice de tous les jours.... Et c'est cela que l'on avait appelé un bienfait! C'est ainsi pourtant que l'antique civilisation des païens entendait la dignité de l'homme et tous ses droits. Et c'est de cette manière étrange de *sauver* les hommes et de les *conserver* que vient le mot *servus*, de *servare*.

Nous répondrons ici d'abord, que l'on se trompe en disant que la guerre a toujours été l'origine de la servitude, ce que nous montrerons plus bas. Puis nous demanderons sur quoi est fondé ce *droit* de tuer et d'asservir le vaincu et le faible; est-ce parce qu'on a été heureux combattant ou que l'on est puissant? prononcer ici le mot *droit* sur de pareils maximes, c'est le profaner. Ce sont cependant ces maximes aussi absurdes que dégradantes qui pendant quarante siècles ont régi et dévasté le vieux monde de l'idolâtrie. Et sans remonter aux premiers siècles de la création, où la plaie de l'esclavage ne fut pas moins grande que dans les temps suivants; voyez, que se passe-t-il sur le Globe? dans les vastes contrées surtout de l'Orient depuis Alexandre jusqu'à Auguste?

L'histoire nous l'apprend ; en voici quelques détails :

En Grèce le nombre des esclaves était fort considérable, il y en avait dans l'Attique *deux cent mille ;* le double du nombre des citoyens libres. Ces esclaves étaient achetés dans les grands marchés de la Thrace, de Carie, de Chypre, et sur plusieurs points du bassin de la Méditerranée. Souvent la prise des villes en jetait par milliers sur la place. Alexandre fit vendre une grande partie de la population de Thèbes, qu'il fit détruire par un incendie. Cet usage barbare passa des Grecs aux Romains. Camille, dictateur, paya en esclaves étruriens les bijoux donnés par les matrones, pour affranchir la patrie du joug des Gaulois. Fabius réduit Tarente, et livre au plus offrant *trente mille* de ses habitants. Jules-César vendit en pareille circonstance *cinquante-trois mille* individus. Les esclaves, devenus très nombreux en Italie, mirent souvent en danger la république. Du temps de Marius, il fallut quatre ans de guerre pour réduire un peu les esclaves mutinés dans tout l'empire romain, où ils étaient horriblement traités par leurs maîtres. Il y a eu, selon Plutarque, dans la législation romaine des usages atroces prescrits contre les esclaves. D'après la loi romaine l'esclave est *une chose* et non *une personne* (res non persona); ce mot *res* (chose) signifie ici le *résumé de toutes les misères* attachées à cette condition d'esclave. Aussi les châtiments que les maîtres infligeaient à leurs esclaves, même pour des choses légères, font horreur! Juvénal (Sat. VI) parle d'une femme qui, par caprice, veut que l'on tue un de ses esclaves, et comme son mari lui demande quel est le crime de cet *homme*, elle se récrie tout étonnée, en disant : « *Ita servus homo est?* » un esclave est-il *un homme?*

L'empereur Auguste fit une loi qui, en cas de mort d'un citoyen, condamnait à mort indistinctement tous les esclaves qui habitaient la même maison où avait eu lieu le meurtre. C'est aussi sous son règne que les esclaves vieux étaient exposés dans une île du Tibre, où ils périssaient en proie à toutes les horreurs du besoin.

Un riche Romain possédait un nombre incroyable d'esclaves. Athénée nomme des individus qui en avaient jusqu'à *vingt mille.* Quand on voulait vendre un esclave on l'exposait au marché, nu, les mains liées et un écriteau sur le front. L'acheteur faisait sur ces *êtres humains* des deux sexes le même examen que l'on fait sur des animaux domestiques que l'on veut s'approprier et mettre sous le joug, pour en tirer le plus grand profit possible.

Voilà une simple esquisse de l'effrayant tableau de l'antique esclavage parmi les peuples païens, et tel à peu près qu'il existe encore chez des barbares où n'a pas encore pénétré la lumière du christianisme. Les guerres ne furent point toujours la seule origine de l'esclavage. L'absence du droit public, l'état de pauvreté, le droit du plus fort, l'excessive avidité des richesses, l'ignorance totale, en un mot, de la *vérité* et de la *vertu* dans le monde païen, produisirent ensemble ou alternativement l'esclavage, dès les premiers siècles, dans le genre humain.

Mais n'allons pas plus loin fouiller dans l'histoire profane; détournons nos regards de ces pages noires et sanglantes des annales de l'esclavage païen. Cherchons, sur ce même sujet, quelques récits un peu consolants. Fixons notre attention sur l'Écriture Sacrée. Sans doute elle aussi nous montrera l'esclavage existant dans le règne patriarcal, au sein même du peuple d'Israël; mais elle nous dira également tout ce que la *vraie religion* a fait d'abord dans les temps primitifs pour adoucir les rigueurs de l'esclavage, puis avec quel zèle et avec quelle sagesse elle a commencé, par Jésus-Christ, *sa grande œuvre de l'émancipation universelle des esclaves*, qu'elle continue et poursuivra sans doute jusqu'à la fin glorieusement, et avec un succès complet et bien digne de son divin génie.

II.

L'ESCLAVAGE CHEZ LES PATRIARCHES

ET SOUS LA LOI DE MOISE.

> « Seigneur (dit Abraham), vous ne m'avez
> « point donné d'enfants ; ainsi le fils de mon
> « esclave sera mon héritier. » (Gen., C. XV.)
>
> « Celui qui m'a créé dans le sein de ma
> « mère, n'a-t-il pas aussi créé celui *qui me*
> « *sert ?* et n'est-ce pas le même *Dieu*
> « qui nous a formés *tous deux ?* » (Job,
> C. XXXI.)

Déjà le texte sacré ci-dessus nous prouve assez clairement les sentiments de douceur et d'humanité, et bien dignes de la *vraie religion*, avec lesquels les Patriarches se sont conduits dans les premiers siècles du monde envers les esclaves. Leur conduite à cet égard est donc louable. Nous allons en donner quelques détails et examiner en même temps comment l'esclavage a pris naissance chez les patriarches, et pourquoi il a pu continuer à exister au sein même du peuple de Dieu, sous Moïse. Entrons en matière ;

développons ces deux pensées d'après le témoignage irréfragable de l'histoire.

Dans les temps primitifs, quand les hommes commençaient à peupler la terre, après le déluge, ils étaient à l'état de famille ; il n'y avait alors ni société civile, ni droit public. Les hommes menaient une vie errante, et étaient toujours séparés par groupes de familles. Le père de la famille en était aussi le chef et le seul souverain. Ils n'avaient d'autres richesses que des troupeaux, et des pâturages qu'ils occupaient seulement quelques jours, en passant, dans leur état de vie nomade.

Ceux de ces premiers habitants de la terre qui n'avaient ni familles, ni troupeaux, et qui, par conséquent, se trouvaient seuls et sans aucun moyen d'existence, s'attachaient à une de ses nombreuses familles dont ils devenaient *servi*, ce qui se traduit ici par le mot *esclaves*. Voila la principale origine de l'esclavage chez les premiers Patriarches.

Quoique cette condition de l'esclavage ainsi faite n'ait par son origine rien d'odieux ni de cruel, elle est pourtant par elle-même un état contre nature ; c'était même, il faut le dire, un malheur, mais un malheur inévitable dont le pouvoir des Patriarches ni leur avidité n'étaient point le motif, mais il était le résultat de la misère de l'individu, de l'absence totale du droit de propriété, et d'une société civile régulièrement établie.

Ici nous devons faire remarquer que les Patriarches traitaient leurs esclaves avec beaucoup de douceur et d'humanité. Nous lisons dans le quinzième chapitre de la *Genèse* « qu'un esclave pouvait hériter de son maître qui n'avait point d'enfants. » Et Job dit « qu'il n'a jamais refusé de rendre justice à ses serviteurs ni à ses servantes lorsqu'ils la lui demandaient, parce qu'il a toujours craint le jugement de Dieu [1]. »

Ainsi donc, l'existence de l'esclavage chez les Patriarches n'est point une chose étrange ni une barbarie, et le blâme que quelques critiques leur ont

---

[1] Job dit, au chapitre 31, ces paroles remarquables qui portent visiblement l'empreinte du devoir sacré de la fraternité parmi les hommes, et réprouvent par là l'esclavage : « Que dirai-je, s'écrie-t-il, « quand Dieu s'élèvera pour me juger? et lorsqu'il me demandera « compte de ma vie, que répondrai-je? Celui qui m'a créé dans le « sein de ma mère, n'a-t il pas aussi créé celui *qui me sert?* et « n'est-ce pas le même Dieu qui nous a créés *tous deux?*

adressé, n'est nullement applicable à leur conduite envers leurs esclaves.

Mais, dira-t-on peut-être, comment Moïse, envoyé de Dieu, et ne parlant qu'au nom de Dieu, a-t-il pu conserver l'esclavage dans la nation Israélite dont il était le chef et le législateur?

Ici, nous dirons d'abord que Moïse, pas plus que les premiers Patriarches, ne pouvait, de son temps, abolir l'esclavage. Il est vrai que la loi du Décalogue[1] que Dieu donna à Moïse, *condamne implicitement et positivement l'esclavage* (ce qui, peut-être, n'a pas encore été sérieusement remarqué par la théologie) ; il est dit dans le Décalogue :

« JE SUIS LE SEIGNEUR VOTRE DIEU. »

Dieu se déclare ici *le seul* et *Souverain Maître des hommes;* il nous apprend évidemment par là que *tous les hommes sont égaux devant lui,* qui est leur Créateur et leur Père commun.

Il y est dit aussi :

---

[1] Voyez la lettre A à la fin du volume.

V. « Vous ne tuerez point..... »

VII. « Vous ne volerez point..... »

X. « Vous ne désirerez aucune chose qui appar-
« tienne à votre prochain...... »

En défendant ainsi expressément de disposer de la vie et des biens de nos semblables, Dieu ne défend-il pas également l'esclavage ? Car réduire l'homme en servitude, n'est-ce pas disposer arbitrairement et complétement de sa vie morale, et s'approprier injustement toutes ses forces physiques et tous les biens qu'il produit par son travail ? N'est-ce pas là *détruire* positivement et despotiquement l'*existence morale* et *matérielle* de son semblable, tandis que Dieu ordonne formellement de le respecter dans sa vie et dans tous ses biens ? Oui, la loi du Décalogue est incontestablement et positivement *contraire à l'esclavage*, elle le condamne et le réprouve. La Loi de Dieu eût-elle pu être autrement faite ? Mais si, malgré cela, l'esclavage a continué après le Décalogue, c'est parce que le monde était encore enseveli dans les épaisses ténèbres de l'ignorance et de la corruption, et que Dieu, dans ses secrets impénétrables, ne voyait pas encore le moment venu. La pensée divine, quoique se manifestant, dès les premiers temps, contre l'esclavage, ne voyait sans doute l'accomplissement de sa loi que dans la suite des siècles par le Christianisme.

Aussi Moïse, que conduisait l'esprit de Dieu, ne s'avisa-t-il jamais de faire aucune tentative pour abolir l'esclavage. Ce grand Législateur sentait que les temps n'étaient point venus pour cela, et que l'état physique et moral du genre humain y opposait, à cette époque, des obstacles insurmontables. Placé comme il l'était à la tête d'une nation inconstante et opiniâtre, environné de peuples idolâtres et guerriers qui avaient des esclaves, et se trouvant dans un temps où les sociétés étaient naissantes et toutes plongées dans un état de désordre et de barbarie, évidemment la délivrance des esclaves était impossible, et toute tentative que l'on eût faite alors, n'aurait nécessairement produit que des résultats très fâcheux sous tous les rapports.

Moïse n'a donc pu, ni ne devait raisonnablement abolir l'esclavage dans les temps où il vivait. Seulement il en a adouci les rigueurs par des lois fortes et sages, et par un gouvernement sacré et de haute politique, tel qu'il convenait pour diriger le Peuple que Dieu avait placé sous ses ordres.

Voici quelques détails sur ce sujet.

La législation mosaïque pose divers principes pour régulariser la condition de l'esclavage. Elle condamne un homme qui avait vendu un autre homme dont la possession ne lui était point légitimement acquise. Elle limita à six ans l'esclavage d'un Israélite; s'il refusait le bienfait de sa liberté, on lui perçait l'oreille à la porte de la maison dans laquelle il servait, et il ne pouvait plus devenir libre qu'après plusieurs années d'une servitude nouvelle.

Voici le texte de la Loi, dont nous rapportons ici la traduction :

« Si un de vos frères tombe dans la pauvreté, vous n'endurcirez point votre cœur, et ne resserrerez point votre main; mais vous l'ouvrirez au pauvre, et vous lui prêterez ce dont vous verrez qu'il a besoin... afin que le Seigneur vous bénisse en tout temps et dans toutes les choses que vous entreprendrez. Il y aura toujours des pauvres dans le pays que vous habiterez. C'est pourquoi je vous ordonne d'ouvrir votre main aux besoins de votre frère, qui est pauvre et sans secours, et qui demeure avec vous...

« Lorsque votre frère ou votre sœur, Hébreux d'origine, vous ayant été vendus, vous auront servi six ans, vous les renverrez libres la septième année; et vous ne laisserez point aller les mains vides celui à qui vous donnerez la liberté.

« Mais vous lui donnerez pour subsister dans le chemin quelque chose de vos troupeaux, de votre grange et de votre pressoir, comme des biens que vous avez reçus par la bénédiction du Seigneur votre Dieu.

« Souvenez-vous que vous avez été esclave vous-même dans l'Égypte, et que le Seigneur votre Dieu vous a mis en liberté : c'est pour cela que je vous ordonne ceci maintenant.

« Si votre serviteur vous dit qu'il ne veut pas sortir, parce qu'il vous aime, vous et votre maison, et qu'il trouve son avantage à être avec vous, vous prendrez une alêne et vous lui percerez l'oreille à la porte de votre maison, et il vous servira encore. Vous ferez de même à votre servante.

« Ne détournez point vos yeux de dessus eux, après que vous les aurez renvoyés libres, puisqu'ils vous ont servi pendant six ans, comme vous aurait servi un mercenaire, afin que le Seigneur votre Dieu vous bénisse dans toutes les choses que vous ferez [1]. »

Sous cette Loi, le régime des esclaves était plein de modération et d'humanité. Nous savons toutes les merveilles que Dieu fit en faveur du Peuple d'Israël et tous les bienfaits dont il ne cessa de le combler, et jamais nous ne voyons qu'il y ait eu un SEUL MAITRE qui ait voulu en exclure son ESCLAVE ; ils vivaient ensemble dans un esprit de concorde, et tous deux se partageaient en paix l'*eau du rocher* et la *manne du ciel* que Dieu leur envoyait par Moïse !

Il est donc certain que les esclaves dans le Peuple hébreu étaient traités avec beaucoup de douceur et d'humanité.

Là se bornait la mission de Moïse, qui n'était que la préparation et la figure de la Loi Nouvelle et le commencement de la grande Mission de *celui qui allait venir* pour consoler toutes les misères et délivrer le genre humain de toute captivité.

---

[1] Deutéronome, ch. XV.

La Liberté civile, en effet, n'est devenue possible et n'a été un bien véritable, sous le double rapport physique et moral, que depuis que les hommes, s'étant multipliés, ont dû passer de l'état de famille à l'état social; depuis que l'esprit humain, ayant en quelque sorte grandi avec les siècles, a pu s'éclairer et se développer par l'étude et l'expérience, et que les moyens de civilisation et de moralité publique, et les besoins réciproques de la réalisation d'un bien-être général ont pu créer, dans l'intérêt commun, des lois, un lien d'équité et de conservation mutuelle. Mais ce grand et magnifique bienfait de la *liberté*, d'une liberté sage et conservatrice, qui est *la vie de l'homme* et *de la société*, ne devait et ne pouvait être donné au monde que par la lumière divine du Christianisme. Jusqu'à lui, la vraie religion chez les Patriarches, dans Moïse et ses successeurs, ne pouvant abolir l'esclavage, s'est soigneusement occupée à l'adoucir et le modérer; et c'est ce qui a été fait réellement, comme nous l'apprend l'Ecriture, et selon que nous venons de le démontrer.

Mais telle ne fut point la conduite du Paganisme pour adoucir les rigueurs de l'esclavage, qu'ils s'efforçaient, au contraire, de torturer de toutes les manières, comme nous l'avons déjà fait remarquer dans l'article précédent. Dans les nations païennes, l'on avait même adopté ce principe si absurde, que parmi les hommes *il y en a qui naissent pour la liberté, et d'autres pour l'esclavage.* Aussi voyons-nous dans l'histoire qu'avant l'ère Chrétienne, l'on comptait dans la seule ville d'Athènes jusqu'à quatre cent mille esclaves pour vingt mille citoyens qui l'habitaient. Le nombre des esclaves à Rome était si grand qu'il semble incroyable; le genre de vie qu'on leur faisait subir était pire que la mort.

Pourtant le Paganisme avait ses grands hommes, des hommes que, dans son fol orgueil, il a été jusqu'à appeler *divins*. Platon, Pythagore, Socrate, Aristide, Lycurgue, Cicéron et tant d'autres, tous philosophes et législateurs, malgré tous leurs travaux et leur génie, ils n'ont su connaître ni réformer le cœur humain; ils n'ont pas même su définir l'homme ! Et comment pouvait-il en être autrement? ils ne le connaissaient point [1]. Ils ont passé sur la face de la terre comme de sombres et funestes météores, ne jetant tout autour que des rayons d'une

---

[1] On dit que Platon avait défini l'homme : « Un animal sans plumes (*animal implume*). » Un enfant chrétien comprend toute l'absurdité d'une telle expression.

lueur pâle et sanglante, en laissant le monde comme ils l'avaient trouvé, plongé dans un cahos de ténèbres et de barbarie. Ils n'avaient pu faire le bien, ces génies de l'antiquité païenne, parce qu'il leur manquait *une seule chose*, qui *est tout* pour le genre humain : LA VÉRITÉ CHRÉTIENNE, LA CHARITÉ FRATERNELLE.

Le droit civil et le droit des gens étaient alors, dans les premiers temps du Paganisme, presque entièrement inconnus. Le droit le meilleur et le premier de tous les droits était celui de la *force*. Le vainqueur devenait le maître absolu; et le sort des vaincus était l'*esclavage* ou *la mort*. Ce spectacle si triste et si déchirant d'un brutal égoïsme, de l'injustice et de l'oppression, on le voit encore dans les vastes contrées de l'Orient et au milieu de tous ces peuples barbares des extrémités du globe, où le Christianisme n'a pas encore porté un rayon de sa bienfaisante lumière, ni jeté quelques germes de vie.

« L'homme, dit Bossuet, est celui qui est le plus né pour la concorde, et l'homme est celui des animaux où l'inimitié et la haine font de plus sanglantes tragédies. Nous ne pouvons vivre sans société, et nous ne pouvons aussi y durer longtemps. La douceur de la conversation et la nécessité du commerce nous font désirer d'être ensemble, et nous n'y pouvons demeurer en paix ; nous nous cherchons, nous nous déchirons, et il nous faut ainsi avouer avec saint Augustin qu'il n'est rien de plus sociable que l'homme par sa nature, et qu'il n'est rien de plus discordant que lui par le déréglement de ses convoitises. « *Nihil est quam hoc genus tam discor-* « *diosum vitio, tam sociale natura* [1]. »

Jésus-Christ, voulant détruire cette humeur discordante et funeste et ramener les hommes à cette précieuse *unité*, que la voix de la nature leur demande, vient lier tous les cœurs par les nœuds sacrés et indissolubles de la Charité fraternelle. Il ordonne que cette alliance, par laquelle il nous unit tous en lui-même, soit si solide et si sainte, qu'elle ne puisse jamais être affaiblie par aucune injure. Ce précepte du Sauveur est sans bornes, et il s'étend sur tous les hommes également. « Aimez, dit-
« il, vos ennemis, faites du bien à ceux qui vous
« haïssent, priez pour ceux qui vous persécutent et
« vous calomnient. » Le monde en sera frappé d'é-

---

[1] S. Aug. de Civ. Dei, lib. xii.

tonnement; jamais il n'avait entendu un pareil langage, qui apporte à tous les cœurs la lumière, la paix et l'harmonie, et veut faire du genre humain une société paisible et heureuse, *une seule et sainte famille.* C'est ce que nous verrons dans la suite de cet ouvrage, où nous allons en tracer le tableau rapidement et avec le plus de clarté qu'il nous sera possible.

III.

LE CHRISTIANISME

VIENT ÉCLAIRER LE MONDE, ET CONDAMNE L'ESCLAVAGE.

Déjà quatre mille ans s'étaient écoulés depuis la création du monde, quand Jésus-Christ paraît sur la terre. Après ce grand travail des générations qui s'étaient succédé, et le passage de tant de siècles sur la face de l'univers, le monde moral était encore plongé dans les ténèbres de l'erreur, et les peuples gémissaient sous le joug de l'oppression. Un Libérateur avait été annoncé après la chute du premier homme; l'humanité malheureuse l'attendait. Déjà les guerres ont cessé; plus de bruit, plus de sang... et le monde, comme assoupi dans un étrange et mystérieux sommeil, semblait redire avec joie ces paroles de l'oracle divin :

Rorate, cœli, desuper, et nubes pluant Justum ;
Aperiatur terra et germinet Salvatorem.

« Cieux, laissez descendre le Juste sur une nuée
« de rosée; et vous, terre, ouvrez votre sein, et
« donnez au monde son Sauveur. »

Enfin le voici qui paraît ce Rédempteur tant de fois annoncé, et si longtemps attendu [1] ; *il est la vraie lumière qui éclaire tous les hommes dans ce monde;* c'est le Christ consolateur et sauveur du genre humain qui avait péri dans Adam [2]; il vient apporter la vérité à la terre, et lui ouvrir des sources nouvelles de vie et d'immortalité.

Ici le plus beau spectacle vient s'offrir à nos regards ! La Charité et la puissance divines apparaissent humbles et silencieuses dans une crèche avec l'Enfant divin qui vient créer un monde nouveau, le monde moral et intellectuel que doit régir une loi d'amour, d'équité et de fraternité universelle.

Cependant, au milieu de ces épaisses ténèbres de l'ignorance et de la barbarie où sont plongées les nations, Jésus-Christ ne vient pas heurter de front, ni braver brusquement cet état désolant des sociétés

---

[1] Voir la lettre B à la fin du volume.
[2] Voir la lettre C à la fin du volume.

humaines, si universellement et si profondément enraciné sur la terre depuis quarante siècles. Il eût ainsi fomenté les troubles, irrité les esprits, autorisé la révolte dans tous les peuples, et excité les haines et la résistance du pouvoir des Césars contre la loi naissante de l'Évangile. Avant d'annoncer les vérités nouvelles, avant de parler un langage jusqu'alors inconnu et qui devait changer le monde, le Christianisme avait besoin, en effet, d'entrer dans ce monde, humble et timide comme l'Innocence ; et il était de sa sagesse de ne répandre que par degrés les rayons de sa grande lumière, dont le développement complet et soudain eût embrasé la terre au lieu de l'embellir et de la purifier.

Aussi, le divin Rédempteur, que fait-il? Il naît dans une étable, il est pauvre, il n'a pas même de quoi reposer sa tête ! La plus grande partie de sa vie se passe dans le silence et la solitude; ses paroles, ses actions, son exemple ne sont qu'*amour* et *miséricorde*[1]. Afin de délivrer le genre humain de toute

---

[1] En écrivant ces lignes nous nous rappelons le magnifique portrait que nous a fait de Jésus-Christ le grand écrivain de notre siècle. Ce portrait est infiniment plus brillant de vérité et de poésie, que celui tracé par le philosophe de Genève, que l'on avait cru inimitable. La simple lecture du premier saisit le cœur humain, et le plonge délicieusement dans un océan de joie et d'admiration. Nous

espèce d'esclavage, Jésus-Christ se fait lui-même *esclave (formam servi accipiens)*, en se revêtant de la nature humaine, dont il relève ainsi la dignité ; et il fait de tous les hommes, en quelque sorte, *des dieux*, selon ses propres paroles, « *vos Dii estis.* »

La première leçon qu'il donne au monde est une parole d'amour et de paix : « O hommes, dit-il, vous « êtes tous *frères*, aimez Dieu, aimez-vous tous les « uns les autres. »

Ici commence l'enseignement de la charité et de la fraternité universelles; ici la loi commune est promulguée, et les droits de l'homme sont définis et sagement sanctionnés. Dès ce moment, il n'y a plus d'esclaves parmi les hommes, plus d'oppresseurs ni d'opprimés, le Dieu sauveur l'a dit : « *Vous êtes tous frères.* » La doctrine évangélique veut donc avant tout sur la terre le règne de la *vérité*, de la *liberté*, de la *justice* et de la *charité*, mais avec cela elle veut aussi partout l'*ordre* et la *paix*, qui sont la source du bien-être moral et matériel de l'homme individuel-

---

n'avons pu résister au plaisir de reproduire le texte de cet incomparable tableau sur Jésus-Christ, persuadé que le lecteur nous en saura bon gré.

Voir la lettre D à la fin du volume.

lement et de tout le corps social. Aussi c'est avec un hymne de *paix* que les Anges annoncent la naissance du Sauveur sur la terre aux bergers de Bethléem : « Gloire à Dieu au plus haut des cieux, et que la « *paix* soit aux hommes sur la terre! » Et lui-même plus tard, disait à ses Disciples : « Que la *paix* soit « avec vous » (*pax vobis*). Puis encore il les bénissait en leur adressant ces paroles : « Que la *paix* soit » à cette maison, et à tous ceux qui l'habitent. » Et enfin il les enseignait en leur disant : « Apprenez « de moi, qui suis pacifique et humble de cœur. » « Bienheureux les *pacifiques*, parce qu'ils seront ap- « pelés enfants de Dieu. » Oh! oui, cela est vrai, et le divin Sauveur le savait mieux que nous, la *paix* est un bienfait que l'homme ne saurait jamais assez aimer ni assez apprécier; fille de la Charité, la *paix* porte avec elle la joie de tous les cœurs, l'abondance et le repos parmi les nations ; la *paix*, c'est le concert des esprits, l'harmonie des âmes ; c'est comme une image et l'avant-goût de l'éternel repos et de la vie des Justes dans les Cieux. Honneur donc aux hommes *pacifiques!* gloire aux Princes de la terre dont la sagesse sait bien apprécier la *paix*, la conserver et la faire fructifier au milieu de leurs peuples! leurs noms seront en honneur sur la terre, et bénis par le Ciel. L'humanité reconnaissante ne cessera de les bénir, en les appelant toujours *Pères de la Patrie* et *Bienfaiteurs du Monde.*

Non, Jésus-Christ[1] n'a point fondé son règne sur la force extérieure et matérielle, mais il l'a placé dans le cœur de l'homme, parce qu'il veut l'amour et la miséricorde. « Jamais il ne fit rien par violence, « dit saint Augustin, mais tout par persuasion : « (*Nihil agit vi, sed omnia suadendo*). » Aussi n'a-t-il point dit aux opprimés : « *Secouez le joug;* » ni aux esclaves : « *Brisez vos chaînes ;* » mais il a dit seulement, et à tous les hommes ensemble :

« *Vous êtes tous* FRÈRES, *aimez-vous les uns les autres.* »

Suivant l'exemple du divin Maître, les apôtres ont toujours parlé aux hommes ce même langage de charité et de douceur, ce qui a fait leur gloire et leur triomphe. Voyez l'apôtre saint Paul; veut-il attendrir tous les cœurs, en sorte qu'on ne puisse lui résister : « *Je vous conjure,* dit-il aux fidèles de Co-« rinthe, *par la douceur et par la modestie de Jésus-*« *Christ !* »

[1] Voir la lettre S à la fin du volume.

Oui, Jésus-Christ a dit : « *Vous êtes frères ; aimez-vous tous.* »

Cette seule parole sera désormais toute la Loi et la base du grand édifice de la civilisation universelle. Ce précepte de l'amour sera plus perçant que le glaive des conquérants, plus puissant et plus efficace que les vaines maximes et les préjugés du monde, qu'il doit réformer et appeler à une vie nouvelle, à une vie de lumière, d'équité et de paix.

Voici comment Jésus-Christ, dans un discours qu'il fait à ses Disciples sur la parabole de la vigne, exprime l'intimité de son esprit et de son amour pour tous les hommes, et l'amour fraternel et universel que tous les hommes doivent avoir et se témoigner réciproquement :

« Je suis le cep de la vigne, et vous en êtes les
« branches. Celui qui demeure en moi et en qui je
« demeure, porte beaucoup de fruit; car vous ne
« pouvez rien faire sans moi.......

« Comme mon Père vous a aimé, je vous ai aussi
« aimés. Demeurez dans mon amour.

« Si vous gardez mes commandements, vous de-
« meurerez dans mon amour, comme j'ai moi-même
« gardé les commandements de mon Père, et je de-
« meure dans son amour.

« Je vous ai dit ces choses, afin que ma joie de-
« meure en vous, et que votre joie soit pleine et par-
« faite.

« Le commandement que je vous donne est de *vous*
« *aimer les uns les autres comme je vous ai aimés.*

« Personne ne peut avoir un plus grand amour
« que de donner sa vie pour ses amis.

« Vous êtes mes amis, si vous faites les choses que
« je vous commande.

« Je ne vous appellerai point *mes serviteurs*......
« mais je vous ai appelés *mes amis*..........

« Ce n'est pas vous qui m'avez choisi; mais c'est
« moi qui vous ai choisis, et je vous ai établis afin que
« vous marchiez, que vous rapportiez du fruit, et que
« votre fruit demeure toujours, et que mon Père vous
« donne tout ce que vous lui demanderez en mon nom.

« *Ce que je vous commande est de vous aimer les uns
« les autres* [1]. »

Par cette loi expresse, et si souvent répétée, de
l'*amour fraternel* et *réciproque entre tous* les *hommes*,
il est facile de comprendre ce que peut être l'*esclavage
aux yeux de Dieu !* et combien il est de notre devoir
à tous, et dans l'intérêt du bien-être universel, d'essayer de délivrer de cette *grande plaie* le genre humain, par le moyen des saintes lumières et de la
Charité évangélique. Vous surtout, ministres saints,
que Jésus-Christ a établis les dépositaires de sa loi
et les dispensateurs de sa lumière et de ses dons célestes, « descendez, dit Fénelon, jusqu'à la *dernière*
« *brebis* du troupeau (et dans les terres les plus loin-
« taines et les plus malheureuses), rien ne peut être
« bas (ni impossible) dans un ministère qui est
« aussi saint et au-dessus de l'homme. Descendez,
« ne craignez rien ; vous ne sauriez trop descendre
« pour imiter *le Prince des Pasteurs* [2] *qui, étant égal
« à son Père, s'est anéanti en prenant la nature de l'es-
« clave* [3]. Si l'esprit de Dieu vous fait ainsi descendre,
« continue Fénelon, *votre Charité* et votre humilité
« feront la joie du Ciel et de la terre. »

[1] S. Jean, évang., c. xv.
[2] Petr. 5, 4.
[3] Phil. 2, 27.

Après l'avoir prêchée lui-même et scellée de son sang, cette loi d'amour et de miséricorde, Jésus-Christ la place sur les lèvres et au cœur de ses Apôtres, à qui il ordonne d'aller l'annoncer à toutes les nations.

« Allez, leur dit-il, enseignez tous les peuples
« en les baptisant : *au nom du Père, du Fils et du*
« *Saint-Esprit.* » Voilà donc l'*homme* marqué au front du signe sacré qui le proclame solennellement *enfant de Dieu et héritier de sa gloire !* titre magnifique et divin qui résume à lui seul *tous les droits et les devoirs* des hommes.

Les douze apôtres accomplissent leur mission, et la grande œuvre du Christianisme pour la régénération des sociétés humaines se poursuit, dès lors, dans toutes les parties du monde. Mais c'est principalement dans saint Paul, dans ses magnifiques Épîtres, que se trouvent admirablement développés le sens et la profondeur, les germes féconds et les traits lumineux de cette Loi de l'amour que nous appelons *Charité ;* parole mystérieuse et divine, symbole de vérité et de toutes les vertus, et réprouvant, par conséquent, l'esclavage et l'oppression. Voici, à cet égard, quelques lignes de l'Épître de saint Paul aux Corinthiens, sur la Charité :

« ..... Si je n'ai point la Charité, je ne suis rien...
« La Charité est patiente ; elle est douce et bienfai-
« sante ; la Charité n'est point envieuse ; elle n'est
« point téméraire et précipitée ; elle ne s'*enfle* point
« d'orgueil.

« Elle n'est point dédaigneuse, elle ne s'aigrit de
« rien, elle n'a point de mauvais soupçon ;

« Elle ne se rejouit point de l'injustice, mais elle
« se réjouit de la vérité..... la Charité ne finira ja-
« mais..... Maintenant, ces trois vertus, la *Foi*, l'*Es-*
« *pérance* et la *Charité*, demeurent ; mais, entre elles,
« *la plus excellente est la Charité* [1]. »

« Après le baptême, dit encore saint Paul, il n'y
« a plus ni Juif, ni Gentil, ni *maître*, ni *esclave*......
« *vous êtes tous un seul corps en Jésus-Christ.* »

Et ailleurs : « *Nous sommes tous frères*, enfants de

[1] Cor. I. C. xiii.

« Dieu, héritiers de sa gloire et cohéritiers de Jésus-
« Christ. »

« La Charité, dit Bossuet, est une obligation si étroite, qu'il n'y a aucun homme vivant qui puisse jamais nous en dispenser, parce que cette dette est fondée sur un titre qui ne dépend pas de la puissance des hommes. Quel est ce titre? le voici écrit de la main de l'Apôtre en la divine Épître aux Romains : *Multi unum corpus in Christo, singuli autem alter alterius membra.* « Quoique nous soyons
« plusieurs, nous sommes tous *un même corps* en
« Jésus-Christ, et nous sommes en particulier *les*
« *membres les uns des autres.* » Ce principe de notre union est divin et surnaturel, et toute la nature jointe ensemble ne peut la dissoudre.

« Chrétiens, dit encore Bossuet, ne disputons pas une vérité si constante, prononcée si souvent par le Fils de Dieu, écrite si clairement dans son Évangile. Si vous voulez savoir combien cette dette est nécessaire, jugez-en par ces paroles de notre Sauveur :
« *Si offers munus tuum...... vade priùs reconciliari*
« *fratri tuo.* » Si vous présentez votre don à l'au-
« tel..... allez auparavant vous réconcilier avec votre
« frère. »

« Il semble qu'il n'y a point de devoir plus saint que celui de rendre à Dieu ses hommages; toutefois j'apprends de Jésus-Christ même qu'il y a une obligation plus pressante : « *Vade prius*, va d'abord te réconcilier avec *ton frère*. » — « O devoir de la Cha-
« rité ! Dieu méprise son propre honneur, dit saint
« Chrysostôme, pour établir l'amour envers le pro-
« chain [1]; il ordonne que son culte soit interrompu,
« afin que la Charité soit rétablie; et il nous fait
« entendre par là que l'offrande qui lui plaît le plus
« c'est une âme saintement réconciliée, un cœur
« paisible et juste aimant le prochain, et vivant avec
« tous les hommes comme avec ses frères. »

« Reconnaissons donc, chrétiens, que l'obligation de la Charité est bien établie, puisque Dieu même ne veut être payé de cette dette que nous lui devons, qu'après que nous nous serons acquittés de *l'amour qu'il nous ordonne d'avoir pour nos frères.* »

Écoutons aussi ces paroles si pures et si magnifiques de Fénelon sur la charité du Christianisme

---

[1] Honorem suum despicit, dum in proximo Charitatem requirit... (Chrys. hom. XVI. in Matth. tom VII.)

appelant tous les hommes à la vie de l'amour, à une fraternité sainte et universelle :

« Que reste-t-il? Peuples de l'extrémité de l'Orient,
« votre heure est sonnée ! Alexandre, ce conquérant
« rapide, que Daniel dépeint comme ne touchant
« pas la terre de ses pieds, lui qui fut si jaloux de
« subjuguer le monde entier, s'arrêta bien loin au-
« deçà de vous ; mais la Charité va plus loin que
« l'orgueil. Ni les sables brûlants, ni les déserts, ni
« les montagnes, ni la distance des lieux, ni les
« tempêtes, ni les écueils de tant de mers, ni l'in-
« tempérie de l'air, ni le milieu fatal de la Ligne,
« où l'on découvre un ciel nouveau, ni les flottes
« ennemies, ni les côtes barbares ne peuvent arrêter
« ceux que Dieu envoie. Qui sont ceux qui volent
« comme des nuées ? Vents, portez-les sur vos ailes;
« que le Midi, que l'Orient, que les îles inconnues
« les attendent et les regardent en silence venir de
« loin. Qu'ils sont beaux les pieds de ces hommes
« qu'on voit venir du haut des montagnes apporter
« la paix, annoncer les biens éternels, prêcher le
« salut et dire : *O Sion, ton Dieu régnera sur toi !* Les
« voici ces nouveaux conquérants qui viennent sans
« armes, excepté la croix du Sauveur. Ils viennent,
« non pour enlever les richesses et répandre le sang

« des vaincus, mais pour offrir leur propre sang et
« communiquer le trésor céleste.

« Peuples qui les vîtes venir, quelle fut d'abord
« votre surprise, et qui peut la représenter? Des
« hommes qui viennent à vous sans être attirés par
« aucun motif, ni de commerce, ni d'ambition, ni
« de curiosité; des hommes qui, sans vous avoir
« jamais vus, sans savoir même où vous êtes, vous
« aiment tendrement, quittent tout pour vous et
« vous cherchent au travers de toutes les mers avec
« tant de fatigues et de périls pour vous faire part
« de la vie éternelle qu'ils ont découverte! Nations
« ensevelies dans l'ombre de la mort, quelle lumière
« sur vos têtes[1]! »

Ainsi ont parlé les Apôtres et leurs successeurs au sein de l'Église de Jésus-Christ, dont le cœur s'enflamme et se dilate sans cesse par le souffle divin de la Charité; ainsi parle encore et parlera jusqu'à la fin des siècles le Christianisme par la bouche des Souverains Pontifes, à la vue de tant de peuples gémissant dans les ténèbres de l'erreur et sous le joug de l'oppression, qu'il veut instruire de ses éter-

---

[1] Fénelon, Disc. sur l'Épiphanie.

nelles vérités, soulager et délivrer de tous leurs maux [1].

A la vérité, Jésus-Christ n'a point parlé de l'esclavage dans tous ses détails, ni disserté sur le droit naturel et la loi commune, comme l'ont fait les philosophes. Il en a parlé comme il devait le faire : en Dieu ; il a tout dit en un seul mot, celui de *la Charité*, qui crée un monde nouveau, le monde moral et intellectuel. Ainsi il fonde sur la terre l'empire de la justice et de la vérité ; ainsi jette ses racines et s'élève majestueux l'arbre du Christianisme dont les rameaux immenses s'étendent de toutes parts sur le globe pour nourrir de son fruit de vie tous les peuples, et les couvrir de son ombre douce et bienfaisante.

L'histoire nous apprend que dès les premiers siècles de la prédication évangélique, une révolution soudaine s'opère dans l'esprit humain. L'affreux édifice du Paganisme s'ébranle ; le voile tombe ; le monde barbare voit toute sa laideur, son front s'abaisse chargé de honte.... il frémit et se trouble !... Il ne sait supporter la vue de ces rayons du soleil

---

[1] Voyez la lettre E à la fin du volume.

naissant de la vérité chrétienne qui le saisit et l'enveloppe dans son atmosphère de vie et d'éclatante lumière.

L'Évangile, en présence de la barbarie et de l'esclavage antiques, éprouve d'abord un choc, une résistance opiniâtre; et la hache romaine fait, pendant trois siècles, couler par torrents le sang innocent des martyrs de la vérité. Le Christianisme souffre et pardonne; mais il n'est ni intimidé, ni vaincu. Il n'apporte ni la guerre, ni la mort; il n'a point de glaive; il donne la paix et la vie. Son glaive, c'est la vérité; ses armées, sont *la Foi*, *l'Espérance* et *la Charité*, et son empire est celui de la miséricorde et de l'amour.

Aussi le charme de l'Évangile agit-il d'abord sur les pauvres et les malheureux, sur les femmes et les esclaves.

Ecoutez ce langage divin qui avait été jusqu'alors inconnu aux hommes, et qui coule de la sainte montagne comme un fleuve d'or portant dans tous les cœurs souffrants les trésors de la consolation et des immortelles espérances :

« Jésus, dit l'Évangéliste saint Matthieu, voyant une grande multitude de peuple qui le suivait de Galilée, de Décapolis, de Jérusalem, de Judée et de delà les bords du Jourdain, monta sur une montagne, où, s'étant assis, ses disciples s'approchèrent de lui ;

« Et, ouvrant sa bouche, il les enseignait en disant :

« Bienheureux les pauvres d'esprit, parce que le « royaume des Cieux est à eux !

« Bienheureux ceux qui sont doux, parce qu'ils « posséderont la terre !

« Bienheureux ceux qui pleurent, parce qu'ils « seront consolés !

« Bienheureux ceux qui sont affamés et altérés de « la justice, parce qu'ils seront rassasiés !

« Bienheureux ceux qui font miséricorde, parce « qu'ils obtiendront eux-mêmes miséricorde !

« Bienheureux ceux qui ont le cœur pur, parce « qu'ils verront Dieu !

« Bienheureux les pacifiques, parce qu'ils seront
« appelés enfants de Dieu !

« Bienheureux ceux qui souffrent persécution
« pour la justice, parce que le royaume des Cieux
« est à eux !

« Vous êtes la lumière du monde.......

« On n'allume point une lampe pour la mettre
« sous le boisseau ; mais on la met sur un chande-
« lier, afin qu'elle éclaire tous ceux qui sont dans
« la maison.

« Ainsi que votre lumière luise devant les hommes,
« afin qu'ils voient vos bonnes œuvres, et qu'ils glo-
« rifient votre Père qui est dans les Cieux.

« Vous avez appris qu'il a été dit : Vous aimerez
« votre prochain, et vous haïrez votre ennemi.

« Et moi, je vous dis : *Aimez vos ennemis, faites*
« *du bien à ceux qui vous haïssent, et priez pour ceux*
« *qui vous persécutent et vous calomnient ;*

« Afin que vous soyez les enfants de votre Père

« qui est dans les Cieux, qui fait lever son soleil sur
« les bons et sur les méchants, et fait pleuvoir sur
« les justes et les injustes.

« Soyez donc (vous mes disciples), *soyez parfaits*
« comme *mon Père céleste est parfait*[1]. »

Quelle simplicité sublime dans ces paroles! quelle sagesse!... quel charme.... quelle douceur vivifiante et divine!.... Jamais les collines de Sion, ni les rives sacrées du Jourdain n'avaient retenti d'une voix aussi majestueuse, si pleine d'amour et de vie; jamais la harpe royale d'Israël, ni les Cantiques de Salomon, n'avaient tant ému les cœurs, ni porté dans les âmes de l'humanité souffrante, une joie si pure, tant de consolations et de saintes espérances!.....

Ici, dans ce Discours du Sauveur Jésus, la veuve et l'orphelin trouvent désormais leur refuge ; le pauvre son soutien ; le malheureux sa consolation; le *maître* son *législateur* et son *juge*; l'*esclave* son *libérateur*; tous les hommes ensemble ont enfin trouvé dans ces paroles célestes leur Dieu unique et puissant, leur *Père commun* et infiniment juste et bon.

[1] S. Matth. Sermon sur la montagne, C. V.

Montagne sainte, nous te saluons avec joie! toi dont les cimes sacrées retentirent pour la première fois de ces paroles si puissantes et si tendres de la sagesse et de la miséricorde divines, sois à jamais bénite !.... Sur toi daigna s'asseoir un instant le Dieu Sauveur; de tes sommets il fit entendre à tous les peuples du monde ses enseignements divins. Ainsi, celui qui est *la vraie lumière*, *la vie*, *la voie*, et *la vérité*, ouvre sur tes flancs les sources nouvelles d'une sagesse toute divine; sources fécondes et immortelles de graves leçons pour les riches et les puissants du monde, et renfermant en même temps tous les baumes et toutes les consolations pour les pauvres et les infirmes, pour les captifs et les malheureux !

Quels enseignements admirables! quel spectacle magnifique et divin ! C'est le Ciel s'abaissant vers la terre..... c'est la terre s'élevant vers le Ciel !... C'est la paix et la justice qui s'embrassent; c'est le jour de la naissance d'un monde nouveau... d'un monde intellectuel et moral, d'un monde *libre* et *sage*, et qui, marchant désormais dans les voies lumineuses que lui trace en ce jour le divin Maître du haut de la sainte Montagne, doit connaître la vérité et aimer la vertu sur la terre, en attendant le jour des récompenses célestes que Dieu a destinées à l'âme des Justes.

Ainsi donc, Jésus-Christ avait commencé à prêcher sa loi de justice et de miséricorde aux simples et aux malheureux. Ainsi, il pose la première base de sa doctrine, qui vient fonder *sur la pierre angulaire* son Église, et élever sur des fondements inébranlables le grand édifice de la civilisation et du salut du genre humain.

Bientôt après, l'on voit cette *sagesse nouvelle*, qui n'avait paru d'abord au monde que *folie*, élever prodigieusement, et par degrés, son action divine des petits aux grands de la terre, des opprimés aux oppresseurs, et à tous elle enseigne également, à tous elle prescrit paisiblement et avec amour *leurs droits* et *leurs devoirs*.

Comme l'astre du jour, après une nuit trop longue et ténébreuse où avaient éclaté les plus effroyables tempêtes, montre aux bords de l'horizon, sur un ciel calme et sans nuages, sa face rayonnante et pure qui vient annoncer un jour nouveau et serein à la terre consternée; ainsi, et plus brillant encore, apparaît le Christianisme au milieu de l'affreux chaos du Paganisme, après *une nuit horriblement orageuse de quarante siècles*..... qui avait ravagé le monde, et dont il vient dissiper à tout jamais les épaisses et sanglantes ténèbres.

Bientôt l'influence des vérités chrétiennes se fait jour à travers les ténèbres de l'erreur ; elle pénètre dans les écoles savantes qu'elle trouve sur son passage ; et déjà Rome et la Grèce sont étonnées d'entendre leurs tribuns et leurs philosophes parler un langage nouveau ; reconnaître dans l'humanité, et les proclamer, des *droits jusqu'alors inconnus* [1].

Alors on entend pour la première fois un philosophe romain (Sénèque) recommander de traiter avec bienveillance les *esclaves* ; et il félicite un de ses amis de vivre avec les siens en famille.

« Nos esclaves, lui dit-il, sont des hommes ; ou
« plutôt, ce ne sont point des esclaves, ce sont des
« amis malheureux ! Traitez votre inférieur comme
« vous voudriez être traité par votre supérieur. Ha-

---

[1] Saint Irénée et Tertullien ont montré que le Christianisme était déjà, dès son origine, plus étendu que l'Empire romain, qui se vantait d'être lui seul l'Univers.

« bituez-vous à sacrifier votre intérêt particulier à
« l'intérêt général.....

« C'est un pacte qu'il faut garder religieusement,
« que celui qui unit l'homme à l'homme, et établit
« des droits communs pour tout le genre humain. »

Sénèque respirait déjà un air pur dans l'atmosphère du Christianisme, dont le génie lui inspirait ces maximes nouvelles d'équité, et d'une noble compassion pour les esclaves. Aussi les Pères de l'Église, frappés de la ressemblance de ces idées de Sénèque avec les paroles de saint Paul, sur le même sujet, ont-ils appelé celui-ci : « *Seneca noster*, notre Sénèque. » Cette ressemblance est des plus frappantes dans l'Épître que saint Paul écrit de Rome à son disciple Philémon, en lui renvoyant son esclave Onésime, que, lui, saint Paul a baptisé, et qu'il recommande à Philémon de recevoir avec amour comme il le ferait pour lui-même [1].

Avant l'ère chrétienne, tous les peuples idolâtres et les philosophes mêmes les plus vantés avaient prétendu que l'esclavage était du droit naturel. Les

---

[1] Voir la lettre F à la fin du volume.

esclaves y étaient horriblement traités et réduits à l'état de la brute.

Mais ces maximes de la barbarie commencèrent à disparaître dès les premiers siècles du Christianisme, qui a défini les droits de l'humanité et promulgué la loi de l'équité et de la fraternité universelle.

Dès lors, les savants et les philosophes, parmi lesquels Florentin et Ulpien, déclarent formellement que « *l'esclavage est contre la nature....* qu'en ce « qui concerne le droit naturel, tous les hommes « sont *égaux*, et que tous les hommes naissent *libres.* » Les lois et la grandeur romaines, jadis si imposantes et faisant l'orgueil des Césars, pâlissent et se dissolvent devant les lumières de l'enseignement du divin Maître. Et ce titre de *citoyen romain*, naguère si fameux dans tout l'Empire, perd son prestige et se fond comme un brin de glace dans l'océan brûlant de la Charité, qui embrase de ses divines flammes tous les peuples du monde. Ainsi se fonde l'*unité* du monde moral. Ainsi commence la régénération du genre humain, qui ne doit plus former qu'*une famille.* Et le nom d'*homme* devient désormais, sous la Loi chrétienne, ce qu'il doit être : un nom sacré, le titre le plus noble et le plus magnifique où sont écrits en lettres ineffaçables *ses droits et ses prérogatives*, ainsi que *ses devoirs* et sa glorieuse destinée.

Mais c'est surtout sous l'Empire de Constantin que s'élargit la voie nouvelle de l'équité et des affranchissements. Ce monarque, qui est le premier empereur chrétien, est aussi le premier qui s'inspire au génie du Christianisme et veut en répandre les bienfaits au milieu de ses peuples. D'un œil libre et attentif il mesure toute la profondeur des maux dont la barbarie et l'esclavage avaient inondé ses provinces, et auxquels il veut mettre un terme. Il veut surtout faire disparaître de ses États *la plaie de l'esclavage* qui est, à ses yeux, la plus funeste et la plus cruelle de toutes les autres.

Par un de ses décrets, l'empereur Constantin déclare *libre tout esclave qui embrasse le Christianisme*. Et afin de faire mieux comprendre que la *liberté* pour l'homme est une sainte et inviolable prérogative, un droit naturel et de céleste origine, il veut que la délivrance des esclaves soit consacrée par des motifs de religion, et autorise, à cet effet, les affranchissements faits à l'Église en présence de l'évêque. Un si bel exemple, et si digne d'un empereur chrétien, n'était cependant pas nouveau ; il subsistait déjà parmi les Chrétiens, puisqu'il en est fait mention dans la lettre de saint Ignace à saint Polycarpe.

C'est ainsi que dans la primitive Eglise l'on commença l'affranchissement des esclaves, et qu'en leur donnant la liberté civile et la liberté spirituelle, l'on en faisait des enfants de Dieu par le baptême, et des citoyens de l'Empire en les appelant à la jouissance de tous les droits de l'homme dans le corps social.

Toujours et partout nous trouvons que le Christianisme s'est appliqué à effacer les traces de l'esclavage sur la terre avec une sagesse et une persévérance admirables. A chaque page de son histoire nous voyons que sa pensée dominante est celle de soulager les malheureux et de délivrer les opprimés. Il leur recommande la paix et la patience, et leur promet un meilleur sort dans le Ciel : *Beati qui lugent, beati pacifici.* L'oracle saint nous dit que « Dieu « ne juge les hommes que sur *leurs actions* » et que « auprès de lui *il n'y a point acception des per-* « *sonnes.* »

Aussi une des œuvres les plus communes et les

plus glorieuses parmi les Chrétiens fut toujours celle de travailler à délivrer leurs frères de la *servitude* et d'amener à la civilisation les peuples sauvages et les infidèles.

A toutes les époques et dans tous les pays l'on a vu les apôtres de l'Évangile, et même de simples fidèles, travailler sans relâche, avec un zèle incroyable, à la *délivrance des esclaves;* souvent ils ont poussé l'héroïsme et la Charité jusqu'à se rendre eux-mêmes esclaves, et acheter ainsi la liberté de ceux qui gémissaient sous le joug. Saint Clément de Rome nous apprend de tels faits, qui sont historiques; et saint Paulin de Nole en est un exemple, comme l'a été également parmi nous l'apôtre de la France (saint Vincent de Paul). Des évêques consacrèrent une partie des richesses de leurs églises pour *racheter les esclaves*. Afin de satisfaire à ce devoir de la Charité chrétienne, saint Exupère de Toulouse vendit les vases sacrés de son église.

Il nous est bien doux de pouvoir ajouter à de pareils exemples celui d'une reine de France; nous voulons parler ici de sainte Bathilde, reine et régente du royaume, dont le zèle et les pieuses profusions pour *racheter les esclaves* furent le principal objet de sa vie, et feront à jamais l'admiration des âmes grandes et généreuses [1].

Ce spectacle si beau, si magnifique de la Charité chrétienne nous le voyons aussi dans le zèle apostolique de nos missionnaires, dont les glorieux et pacifiques combats sont écrits dans l'histoire de l'Église, durent encore, et se poursuivent avec une héroïque persévérance dans toutes les contrées de l'Orient, en Chine, aux Indes, dans l'Océanie et dans les deux Amériques, pour la délivrance des esclaves, et pour la civilisation du monde.

Ainsi le Christianisme a commencé, ainsi poursuit-il encore sans relâche cette grande œuvre de la régénération universelle; ainsi chaque jour il ramène graduellement et avec sagesse les ignorants et les opprimés de leur état de dégradation vers la source de leur dignité originelle, à l'état de justice et de liberté. Déjà, il y a longtemps, le Christianisme aurait complétement terminé son œuvre de l'abolition de l'esclavage sur toute la surface du globe, si la férocité et l'orgueil, fomentés par l'ignorance et le fanatisme, n'étaient venus enfanter des

---

[1] Voir la lettre G à la fin du volume.

schismes et des hérésies au sein de l'Église; si, surtout, son action divine n'eût point été arrêtée dans sa marche et dans ses succès par l'irruption des Barbares, qui, au v⁰ siècle, se précipitant des régions boréales, tombèrent avec la violence de la tempête sur l'Europe, dont ils couvrirent toute la face d'effroyables ruines, et la plongèrent de nouveau dans le chaos de l'ignorance et de la barbarie.

Ce n'est qu'à l'époque féodale, au XIIIe siècle, après les ravages des hordes barbares du nord, que le mouvement évangélique put recommencer librement en Europe, et que le progrès social reprend son essor. Alors la lumière réapparaît; elle pénètre et enveloppe de ses rayons divins les sociétés humaines; et l'on voit, dès ce moment, les esclaves se rapprocher de la liberté, et appelés à entrer en possession des prérogatives de la dignité de l'homme, et des droits de la vie civile.

Le Christianisme, dont la divine mission est d'éclairer le genre humain, le consoler et le guérir de tous ses maux, répand, à son retour, sur la face de l'Europe, tous ses trésors célestes et ses innombrables bienfaits. Et parmi tous ces bienfaits, le genre humain admire et reçoit avec une joie ineffable celui de l'*abolition de l'Esclavage.*

Voici quelques paroles du magnifique portrait qu'a tracé, à ce sujet, l'illustre auteur du *Génie du Christianisme :*

« Le génie évangélique est éminemment favorable à la liberté. La religion chrétienne établit en dogme l'*égalité morale,* la seule qu'on puisse prêcher sans bouleverser le monde. Le polythéisme cherchait-il, à Rome, à persuader au patricien qu'il n'était pas d'une poussière plus noble que le plébéien ? Quel pontife eût osé faire retentir de telles paroles aux oreilles de Néron et de Tibère ? on eût bientôt vu le corps du lévite imprudent exposé aux gémonies. C'est cependant de telles leçons que les Potentats chrétiens reçoivent tous les jours dans cette chaire, si justement appelée la Chaire de vérité.

« En général le Christianisme est surtout admirable pour avoir converti l'*homme physique* en l'*homme moral.* Tous les grands principes de Rome et de la Grèce, l'égalité, la liberté se trouvent dans notre religion, mais appliqués à l'âme et au génie, et considérés sous des rapports sublimes.

« Les conseils de l'Évangile forment le véritable philosophe, et ses préceptes le véritable citoyen. Il n'y a pas un petit peuple chrétien chez lequel il ne soit plus doux de vivre, que chez le peuple antique le plus fameux, excepté Athènes, qui fut charmante, mais horriblement injuste. Il y a une paix intérieure dans les nations modernes, un exercice continuel des plus tranquilles vertus, qu'on ne vit point régner au bord de l'Hissus et du Tibre. Si la république de Brutus ou la monarchie d'Auguste sortait tout à coup de la poudre, nous aurions horreur de la vie romaine ! Il ne faut que se représenter les jeux de la déesse Flore et cette boucherie continuelle de gladiateurs, pour sentir l'énorme différence que l'Évangile a mise entre nous et les païens ; le dernier des chrétiens, honnête homme, est plus *moral* que le premier des philosophes de l'antiquité.

« Enfin, dit Montesquieu, nous devons au Christianisme, et dans le gouvernement un certain droit politique, et dans la guerre un certain droit des gens que la nature humaine ne saurait assez reconnaître [1].

« C'est ce droit qui fait que parmi nous la vic-

---

[1] *Esprit des Lois*, liv. xxiv, chap. iii.

toire laisse aux peuples vaincus ces grandes choses : la vie, la liberté, les lois, les biens, et toujours la religion, quand on ne s'aveugle pas soi-même.

« Ajoutons, pour couronner tant de bienfaits (du Christianisme), continue M. de Châteaubriand, un bienfait qui devrait être écrit en lettres d'or dans les annales de la philosophie :

« L'abolition de l'Esclavage [1]. »

Oui, tels sont en partie les bienfaits que le Christianisme est venu répandre sur la terre. Ses bienfaits sont si grands, si nombreux ! Les compter ce serait chose trop difficile ; contentons-nous plutôt de les admirer, et de nous en rendre dignes et reconnaissants.

Ici cependant, avec la joie que fait éprouver ce grand progrès moral qu'a produit l'Évangile dans l'humanité déchue, une pensée douloureuse vient nous saisir et comprimer le cœur, en voyant qu'il a fallu *douze siècles !*.... des fleuves de sueur et de sang pour que la société européenne, profondé-

---

[1] *Génie du Christianisme*, t. IV, p. 62 et 63.

ment saturée de Christianisme, ait pu *abolir dans son sein l'esclavage.* Pauvre humanité! l'abîme de tes maux est incommensurable. Que de pleurs tu as déjà versés pendant près de soixante siècles....., et que de larmes il te reste encore à répandre dans ta route!.... Déjà un grand bien s'est opéré dans le monde, il est vrai, grâces immortelles en soient rendues au divin génie du Christianisme! Mais cependant le chemin à parcourir est encore bien long pour que l'œuvre soit entièrement accomplie, pour que l'on puisse extirper entièrement et partout, dans les nations, tant de cruelles plaies.... et surtout celle de *l'esclavage!*

Nous l'avons déjà dit, *douze siècles* de travail par le Christianisme ont à peine suffi pour civiliser la plus grande partie de l'Europe, et la délivrer de la plaie de l'esclavage; et, comme si le génie du mal n'eût point assez ravagé la société humaine, ou qu'il voulût se dédommager, en quelque sorte, de sa proie qui lui échappait dans les peuples de l'Occident, il pénètre dans les régions orientales; il souffle sur les plages de Byzance les tempêtes du fanatisme et d'une sanglante tyrannie, et l'on voit soudain les pays de l'Orient, poussés par la férocité d'un esprit séduisant et audacieux (Mahomet), retomber dans leur antique chaos de la barbarie et de l'esclavage.

Depuis longtemps les populations de ce vaste Empire de la barbarie s'agitent sourdement, elles frémissent en silence dans les cruelles étreintes d'une oppression fanatique et sanguinaire. La région orientale, jadis *le berceau de la lumière,* est devenue une sombre gémonie ! LE SIGNE SACRÉ de l'émancipation et du salut du genre humain est abaissé, entouré de chaînes; et LES LIEUX SAINTS, qui furent naguère le théâtre des merveilles divines, sont foulés comme une vile poussière !..... A peine y voit-on quelques ermites, fidèles et dévoués disciples du Sauveur, veillant et priant sur sa tombe le jour et la nuit, et que l'Ange de la foi et de l'espérance semble couvrir sans cesse de ses ailes pour les dérober au féroce ennemi qui rôde tout autour comme le lion rugissant pour les dévorer.

Mais c'est sur la femme principalement que pèse de tout son poids l'effroyable esclavage dans ces contrées. La femme n'y est presque pas considérée comme un être humain. Sa condition y est réduite à celle de la brute. Des harems de femmes *esclaves* sont établis à Constantinople comme de vastes parcs de bestiaux; c'est des provinces de la Circassie que l'on envoie le tribut monstrueux de ces troupeaux de f...... La plume se *refuse* à achever le mot, et ne peut tracer ici le nom que portent celles qui sont ailleurs si nobles et si respectées, et qui se trouvent chez les Turcs si cruellement traitées et si horriblement abruties. Il ignore, le stupide musulman, que les femmes, selon l'expression de Fénelon, « *sont la moitié du genre humain* », qu'elles ont les mêmes facultés de l'homme, que comme l'homme elles sont douées de raison et de liberté, dont elles ont le droit d'user pour leur bien-être et celui de l'homme, qui n'est point leur maître absolu, mais leur aide et leur ami. Il ne sait point, l'impitoyable mahométan, que la femme a elle aussi une âme, comme celle de l'homme, intelligente et immortelle, et comme l'homme également les femmes sont enfants de Dieu, rachetées par le sang de Jésus-Christ et destinées au même héritage de la céleste béatitude [1].

La situation des peuples de l'Orient est des plus

[1] Au moment où nous traçons ces lignes, la presse française signale, avec une noble indignation, un fait horrible qui vient d'avoir lieu tout récemment dans l'Orient. Cette nouvelle (que nous transcrirons en entier plus bas aux notes) nous vient par la voie de l'Allemagne, sous le titre de *La Traite des femmes* (blanches) *en Turquie.*
Voir la lettre H à la fin du volume.

affreuses sous le double rapport social et religieux. Pour sortir de l'abîme il leur faut ce qu'ils avaient perdu, ce qu'ils n'ont plus, *le Christianisme;* et avec lui ils auront comme nous la vérité, la civilisation, la paix et la liberté.

Puisse l'Occident civilisé fixer vers le *sombre Orient* son regard de miséricorde et d'une sympathie généreuse, et lui apporter, à son tour, son antique Christianisme, avec tous les bienfaits de sa charité et de sa bienfaisante lumière!

Revenons à notre sujet.

IV.

DE L'ABOLITION

DE LA TRAITE DES NOIRS.

Au commencement du xvie siècle, peu de temps après la découverte de l'Amérique par le Génois Colomb [1], si justement célèbre et si indignement traité par l'ingrate Espagne, les Portugais et les Espagnols conçurent le projet de la traite des noirs de l'Afrique. C'est par ce moyen, aussi illégitime qu'inhumain, que l'on se hâta de remplacer les populations indigènes du Nouveau-Monde, qui finirent

---

[1] Voir la lettre 1 à la fin du volume.

par être entièrement détruites, et que l'on fît labourer ces terres vierges qui recélaient dans leurs vastes plaines des richesses immenses.

Dès l'an 1503, on avait envoyé en Amérique un petit nombre d'esclaves nègres. En 1511, Ferdinand avait permis que l'on y en transportât en plus grande quantité.

Le cardinal Ximenès, régent d'Espagne, avait été pressé de permettre et d'encourager ce commerce des nègres d'Afrique, afin de pouvoir ainsi cultiver les terres et délivrer les Indiens de la servitude. Le cardinal rejeta cette proposition avec fermeté, parce qu'il avait senti combien il était injuste de réduire une race d'hommes en esclavage, pour rendre la liberté à une autre. Il eût plutôt voulu la liberté pour tous.

Enfin Charles, roi d'Espagne, accorda à un de ses courtisans flamands le privilége exclusif d'importer en Amérique quatre mille Noirs. Celui-ci vendit son privilége pour vingt-cinq mille ducats à des marchands génois qui, les premiers, établirent avec une forme régulière en Afrique et en Amérique *ce commerce d'hommes*, qui a reçu depuis de si grands accroissements.

L'établissement de nos colonies aux Antilles date du xviie siècle. Vers le milieu de l'année 1635, monsieur d'Enembuc, gouverneur français de l'île Saint-Christophe, en Amérique, fit choix de cent hommes de cette colonie et les transporta à la Martinique, dont il prit possession au nom de la France, et les y établit pour habiter l'île et la cultiver. L'introduction des noirs de l'Afrique, par la traite, à la Martinique, suivit de près l'occupation de l'île, et y fit des progrès rapides. En 1736, la population esclave de la colonie s'élevait déjà à soixante-douze mille Noirs, qui y commencèrent la culture de la canne à sucre dans l'année 1650.

Il convient de remarquer ici, et de le dire à l'honneur des deux princes chrétiens d'Espagne et de France, qui régnaient à cette époque, que la traite des Noirs ne fut par eux autorisée que d'après l'assurance qui leur avait été donnée par les colons européens, que par ce moyen l'on aurait fait ensuite de tous leurs nègres esclaves des chrétiens, des hommes libres et civilisés. Nous devons croire sans doute que ces intentions manifestées par les premiers colons de l'Amérique étaient aussi vraies qu'elles sont nobles et généreuses, mais malheureusement les faits nous ont prouvé le contraire, car elles ont été presque entièrement et trop longtemps oubliées.

C'est sans doute aussi cette même pensée de pouvoir leur procurer un sort meilleur, qui porta le père Las-Casas à consentir à établir légalement la traite des noirs de l'Afrique. Il n'avait pu prévoir qu'il ne devait résulter de ce trafic qu'*un dur* et *long esclavage*. Sans doute, plus que personne, l'immortel Las-Casas eût déploré un tel état de choses, s'il avait pu le pressentir, lui dont l'âme élevée et éminemment apostolique avait déjà plaidé avec tant de constance et d'héroïsme la sainte cause de tous les Indiens asservis de l'Amérique, que les premiers marchands espagnols finirent, pourtant, par anéantir avec une cruauté et une barbarie que l'histoire ne pourra raconter qu'en frémissant aux générations futures [1].

C'est ici, dans ces horreurs exercées par les Espagnols contre les Indiens, qu'ils détruisaient ou

---

[1] Voir la lettre L à la fin du volume.

réduisaient en servitude, que les Souverains Pontifes déployèrent un zèle et une énergie admirables et bien dignes de l'esprit du Christianisme. Le pape Paul III éleva la voix pour défendre la vie et la liberté des peuples indiens du Nouveau-Monde ; au nom de Dieu et de l'humanité, il ordonnait « de mettre fin à « ces atrocités, et défendait de vendre, ou acheter, « et de réduire en servitude ces hommes qui, pour « être idolâtres et sauvages, n'en étaient pas moins « nos frères et devaient être reçus et traités comme « tels par tous les Européens. »

C'est donc au commencement du xvie siècle que le commerce des esclaves fut légalement établi aux colonies de l'Amérique, et que la côte d'Afrique devint, dès lors, pour elles, un marché facile et abondant.

Aussitôt le sol américain fut couvert de milliers de nègres, que des marchands génois ne cessaient d'y transporter et de vendre chèrement. Et les plaines fertiles du Nouveau-Monde, fouillées par les bras vigoureux de ces travailleurs étrangers, laissèrent couler de leur sein des fleuves d'or intarissables pour l'opulente et insatiable Espagne. Cet état de choses dura pendant environ trois siècles, sous le régime des Lois de la Traite.

En 1794, le Danemarck fit entendre pour la première fois le mot d'*abolition*; et il abolit, en effet, la traite des Nègres dans ses colonies. L'Angleterre adopta ce même principe, qu'elle mit à exécution en 1807. La France en fit de même par une ordonnance royale du 8 janvier 1817.

Mais l'époque la plus mémorable sur ce sujet fut le 8 février 1815. C'est en ce jour que le fameux Congrès de Vienne décréta solennellement, au nom des huit Puissances de l'Europe, l'ABOLITION GÉNÉRALE DE LA TRAITE DES NÈGRES.

Voici le texte de cette déclaration du Congrès de Vienne, qui est une des plus belles gloires de l'Europe civilisée, et que nous nous faisons un devoir de reproduire ici en grande partie :

« Les Plénipotentiaires des Puissances, etc......
« réunis en conférence, ayant pris en considération,

« Que le commerce connu sous le nom de *traite*
« *des nègres d'Afrique* a été envisagé par les hommes

« justes de tous les temps comme répugnant aux
« principes d'humanité et de morale universelle ;

« Que les circonstances particulières auxquelles
« ce commerce a dû sa naissance, et la difficulté
« d'en interrompre brusquement le cours ont pu
« couvrir jusqu'à un certain point ce qu'il y avait
« d'odieux dans sa conservation ; mais qu'enfin la
« voix publique s'est élevée dans tous les pays civi-
« lisés pour demander qu'il soit supprimé le plus
« tôt possible ;

« .... Que toutes les Puissances possédant des
« colonies dans différentes parties du monde ont re-
« connu.... l'obligation et la nécessité de l'abolir ;

« Que par un article séparé du dernier traité de
« Paris, la Grande-Bretagne et la France se sont en-
« gagées à réunir leurs efforts au Congrès de Vienne,
« pour faire prononcer par toutes les Puissances de
« la Chrétienté, *l'abolition universelle et définitive de la*
« *traite des Nègres ;*

« Que les Plénipotentiaires rassemblés dans ce
« Congrès ne sauraient mieux honorer leur mission,
« remplir leur devoir et manifester les principes qui

« guident leurs augustes Souverains, qu'en travail-
« lant à réaliser cet engagement, et en proclamant
« au nom de leurs Souverains le vœu de mettre un
« terme à un *fléau qui a si longtemps désolé l'Afrique,*
« *dégradé l'Europe et affligé l'humanité;*

« Lesdits Plénipotentiaires sont convenus d'ou-
« vrir leurs délibérations sur les moyens d'accomplir
« un projet aussi salutaire par une déclaration so-
« lennelle des principes qui les ont dirigés dans ce
« travail;

« En conséquence, et dûment autorisés.... ils dé-
« clarent à la face de l'Europe que, regardant l'abo-
« lition universelle de la traite des Nègres comme
« une mesure également digne de leur attention,
« conforme à l'esprit du siècle et aux principes gé-
« néraux de leurs augustes Souverains, ils sont ani-
« més du désir sincère de concourir à l'exécution
« la plus prompte et la plus efficace de cette mesure
« par tous les moyens à leur disposition, et d'agir
« dans l'emploi de ces moyens avec tout le zèle et
« toute la persévérance qu'ils doivent à une aussi
« grande et belle cause.

« ..... Quelque honorable que soit leur but, ils ne

« le poursuivront pas sans de justes ménagements
« pour les intérêts, les habitudes et les préjugés
« même de leurs sujets; lesdits Plénipotentiaires
« reconnaissent en même temps que cette déclara-
« tion générale ne saurait préjuger le terme que
« chaque Puissance en particulier pourrait envisa-
« ger comme le plus convenable pour l'abolition
« définitive du commerce des Nègres.....

« En portant cette déclaration à la connaissance
« de l'Europe et de toutes les nations civilisées de la
« terre, lesdits Plénipotentiaires se flattent d'enga-
« ger tous les autres Gouvernements, et notamment
« ceux qui, en abolissant la traite des Nègres, ont
« manifesté déjà les mêmes sentiments, à les appuyer
« de leurs suffrages dans *une cause dont le triomphe*
« *final sera un des plus beaux monuments du siècle qui*
« *l'a embrassée et qui l'aura glorieusement terminée*[1].
« Ont signé.... »

Cette déclaration du Congrès de Vienne pour l'abolition universelle et définitive de la traite des Nègres, est un monument impérissable d'équité et de sagesse, une protestation solennelle et généreuse contre l'*escla-*

---

[1] Dans Flassan, *Hist. du Congrès de Vienne*, liv. VI.

vage, et qui honore à la fois l'Europe chrétienne et la civilisation du xix° siècle !

Une question pourtant vient se placer ici naturellement à la suite du texte que nous venons de citer. Pourquoi, dira-t-on, le Congrès de Vienne, en déclarant l'*abolition universelle* et *définitive* de *la traite des Nègres*, n'a-t-il pas en même temps déclaré l'*abolition de l'esclavage* dans les colonies ?

La réponse est facile et toute naturelle. Le Congrès de Vienne n'a fait que ce qu'il pouvait et ce qu'il devait faire en cette circonstance, et il a été sagement inspiré de ne pas aller plus loin pour le moment. Dans la situation critique des intérêts divers, des habitudes et des préjugés des pays à esclaves, la simple abolition de la traite était déjà un grand événement, et qui avait même, d'abord, fait craindre des résultats désastreux pour la prospérité matérielle de l'Amérique. Aussi, chaque Puissance prit-elle sagement de grandes mesures préparatoires avant de promulguer une loi définitive pour l'abolition de la traite. Cette grande œuvre de régénération des populations esclaves apparaissait telle qu'elle était aux yeux du Congrès, immense et difficile, et demandant par conséquent, pour être *entièrement* et *heureusement* accom-

plie, du temps, des mesures préparatoires et de sages ménagements. Il fallait poser le piédestal avant d'y placer la statue; il fallait parcourir l'échelle lentement et par degrés pour parvenir au sommet, et combler l'abîme avant de le franchir. Il est certain que l'abolition simultanée de la traite et de l'esclavage promulguée brusquement le même jour, n'eût pu produire que des effets trop funestes. Il y aurait eu inévitablement collision et désordre, une perturbation soudaine et désastreuse dans tout le corps social des peuples de l'Amérique.

Toutes ces choses, le Congrès de Vienne les avait prévues et parfaitement comprises; il a été sage et intelligent; il a agi en conséquence, aussi a-t-il fort bien réussi.

C'est cet exemple si sage, si heureux dans ses résultats, que nous devons essayer de suivre en ce qui nous reste à faire pour compléter et couronner l'œuvre de l'émancipation des esclaves, en les y préparant par de sages mesures et par des moyens convenables et efficaces. Cet exemple de Charité et de sage modération sur un sujet aussi grave, nous devons le suivre avec d'autant plus d'exactitude et de confiance, qu'il est, avant tout, *dicté par l'esprit de la Religion*, et que cela est essentiel dans l'intérêt commun du maître et de l'esclave.

Si les Princes chrétiens ont beaucoup fait, à diverses époques, et surtout dans cette circonstance mémorable pour l'œuvre de la civilisation du monde et de l'abolition de l'Esclavage, et s'ils ont ainsi bien mérité du monde entier, nous les félicitons, grâces leur en soient rendues à tout jamais!.... Mais tant de gloire cependant ne leur est point exclusive; car elle prend sa source dans le Christianisme, qui, seul, a apporté sur la terre toutes lumières, et, seul, il a été le premier émancipateur du genre humain. Déjà le Saint-Siége avait, dans tous les siècles de notre ère, élevé la voix contre *la traite* et pour l'*émancipation des esclaves*. Nous remarquons, entre autres, les Bulles par lesquelles les Souverains Pontifes s'opposaient aux atrocités pratiquées par les Espagnols et les Portugais contre les Indiens, qu'ils massacraient ou réduisaient en servitude. Et notre Saint-Père le Pape Grégoire XVI, marchant sur les mêmes traces de ses prédécesseurs, vient aussi de faire entendre sa voix sainte et souveraine contre l'esclavage. Par ses Lettres apostoliques de l'année 1839, le Père commun des fidèles exprime son vœu le plus ardent de voir se réaliser d'une manière positive et complétement heureuse l'*abolition de la traite des Noirs et l'émancipation des esclaves*, en y admettant pourtant toutes les mesures préparatoires et les ménagements nécessaires [1].

[1] Voir la lettre M à la fin du volume.

V.

DE L'ÉMANCIPATION DES NOIRS.

> Par cela seul qu'elle est essentiellement *morale*, LA RELIGION CHRÉTIENNE est faite pour *un peuple libre ;*
> et parce qu'elle est *divine*, et *égale* pour tous les hommes, elle veut nécessairement l'*abolition de l'esclavage* dans tous les peuples du monde.

L'émancipation des Noirs, dans nos colonies, n'est plus désormais une question. Le Gouvernement de la métropole vient de proclamer encore une fois l'adoption de ce principe, d'une manière solennelle au sein de la Chambre des Députés, dont les nobles sympathies sont bien connues sur cet objet. Voici en quels termes le Gouvernement s'est prononcé, il y a peu de jours, sur le projet de l'Émancipation :

« *L'Émancipation est résolue ;* on consultera donc

« la Chambre, non sur le *principe*, mais seulement
« sur la *forme*. »

Les organes officiels du Gouvernement ont dit aussi à la Chambre, dans la séance du 4 du mois de mai de cette année 1844 :

« Il ne faut pas qu'il y ait ni chez nous, ni dans
« nos colonies aucun doute sur les intentions du
« Gouvernement du roi. Il ne faut pas qu'on puisse
« dire aujourd'hui que la question a reculé, au lieu
« d'avancer. Le gouvernement du roi a *la ferme
« intention, le ferme dessein d'accomplir dans nos Co-
« lonies l'abolition de l'esclavage*. Le gouvernement du
« roi juge qu'il y a, soit pour les colons, soit pour
« les esclaves, soit pour la métropole, des me-
« sures à prendre pour préparer, pour amener,
« faire réussir l'Émancipation. Avec de bonnes me-
« sures, *sérieusement* et *sincèrement* suivies, nous ar-
« riverons au but qui est, et nous le répétons très
« haut pour que personne n'en doute, l'ABOLITION de
« l'ESCLAVAGE DANS NOS COLONIES. Et nous avons l'es-
« pérance que, fermement soutenus par les Cham-
« bres, avec la résolution très ferme que nous avons
« nous-mêmes, nous y arriverons à des conditions

« meilleures que ne les a obtenues l'administration
« anglaise. »

Ces paroles, qui viennent d'être prononcées au sein même de la Chambre législative, et qui expriment d'une manière nette et claire l'intention bien arrêtée du Gouvernement pour l'abolition de l'esclavage, sont d'un merveilleux à-propos, et de nature à encourager et rassurer, sur cet objet, tous les esprits et les opinions diverses, soit dans les colonies, soit à la métropole. Car le Gouvernement dit que l'*Émancipation des esclaves* de nos colonies *est résolue*, qu'il n'y aura plus à s'occuper que *de la forme*, et que toutes les mesures convenables seront employées d'une manière *efficace et avec une sage et ferme persévérance*. Certes, c'est bien là un langage aussi juste, qu'il est ferme, paternel, et digne de la France. Il aura du retentissement, et ne manquera de produire les plus heureux effets sous tous les rapports. Le maître et l'esclave peuvent également se rassurer, et s'en réjouir par avance, dans une attente paisible et avec une complète confiance.

En adoptant ainsi en principe d'une manière franche et positive l'Emancipation, le gouvernement a écouté le vœu de la Religion, de l'humanité et de la civilisation ; avec un tel procédé, il agit dans l'intérêt du Maître et de celui de l'Esclave.

Si donc nous venons encore parler ici des bases de ce principe de l'Émancipation, de la justice, de la nécessité de son adoption, et des bons effets qui devront en résulter sous tous les rapports, c'est pour éclairer les esprits dont les idées ne sont pas encore bien rectifiées ni bien fixées sur ce sujet, et dont l'*hésitation* ou l'*opposition* dans l'emploi des moyens d'exécution pour atteindre avec succès le but final de l'Émancipation, aurait pu être trop *nuisible* et *funeste*. Car cette grande œuvre de l'Émancipation, pour faciliter son exécution et produire les meilleurs résultats, elle a essentiellement besoin d'un appui réciproque, d'un concours unanime, *d'une coopération franche et persévérante des maîtres, et des Autorités locales des colonies avec la pensée et l'action souveraine de la Métropole*, dans l'emploi des moyens et des mesures préparatoires que celle-ci jugera convenable, dans sa haute sagesse, de choisir et de prescrire à cet effet.

C'est dans ce but que nous allons essayer de montrer, d'un côté, combien le joug de l'Esclavage est chose cruelle, injuste et dégradante pour l'humanité ; et de l'autre, quelle est la dignité de l'homme, quels sont ses droits, et combien grande est la fin par laquelle Dieu a créé l'homme et formé la société. Cette matière est vaste et pourrait remplir des volumes. Mais nous nous bornerons à dire seulement et en peu de mots ce qui est *essentiel* et *vrai* sur cet objet. Cela pourra suffire et ne pas manquer d'atteindre le but, nous en avons la confiance. Les maîtres des esclaves ainsi éclairés par des principes et des maximes irrécusables de *religion*, de *justice* et d'*humanité*, dans leur actuelle situation, *se hâteront* sans doute, dans leur propre intérêt et pour leur propre honneur, *de seconder les vues de la Métropole loyalement et avec une fermeté persévérante* pour préparer et mener à bonne fin cette œuvre sainte de l'Emancipation des esclaves dans nos colonies.

Les partisans de l'esclavage avaient voulu soutenir avec Aristote qu'*il y a des esclaves par nature*, et que l'être supérieur en intelligence, ou en force physique, ou en richesses, doit dominer et *asservir* un autre être inférieur en intelligence, en force matérielle, ou dans ses moyens de fortune. Et, chose déplorable! il se trouva jadis des jurisconsultes (ce qui bien certainement ne se trouverait point dans les Législateurs de notre siècle), qui, par une inique concession, osèrent dire aussi qu'il y a des hommes qui naissent esclaves « *servi nascuntur.* » A la seule pensée de pareilles maximes l'on est saisi de stupeur et d'une trop juste indignation. Quelle contrée barbare que celle où *le sein maternel est frappé de servitude!* Rien au monde peut-il justifier l'attentat de donner des fers à cet enfant dans son berceau, et dont le seul crime est celui de naître et de venir augmenter le nombre de l'espèce humaine, selon les desseins et la volonté de la divine Providence ?

Non, il n'y a point d'*hommes qui naissent esclaves ;* non, le plus fort par son esprit ou par son corps ne doit *asservir* le plus faible. Le Christianisme, d'accord avec la philosophie, présente la Divinité comme *seule souveraine* et complétement *égale* pour *tous les hommes ;* ce qui a été si bien dit par Massillon « *Dieu seul est grand ;* » et par saint Paul en ces paroles : « Nous sommes tous un seul corps en Jésus-Christ. » Et ailleurs : « Il n'y a point acception des personnes « devant Dieu. » L'histoire nous apprend que Sénèque, pour prouver qu'il n'y a point d'hommes qui naissent esclaves, a dit ces paroles remarquables : « Ne sommes-nous pas *tous* plus ou moins « *coserviteurs les uns des autres* sur la terre ? » Enfin, le Pape Alexandre III se prononça sur ce même sujet, en déclarant formellement que « LA

« NATURE N'A POINT CRÉÉ D'ESCLAVES. » Paroles admirables! maxime éminemment équitable et sage, et bien digne de descendre du haut du trône du Vicaire de Jésus-Christ sur la terre!

Placés, au milieu de la création, à la tête du règne animal, et revêtus d'une suprême autorité, par notre RAISON et notre INTELLIGENCE, sur tout ce qui respire, c'est à nous qu'il appartient de sonder les profondeurs de notre propre nature. Il a été réservé à l'homme seul d'élever sa pensée jusqu'à Dieu, pour qui il a été fait. A lui seul aussi a été donné de pouvoir mesurer ses devoirs et ses droits sur ce Globe, car tout ce qui y vit s'ignore soi-même, excepté notre seule espèce. Et il est vrai de dire que tous les êtres relèvent de l'homme, tandis que l'homme, ce *roi de la terre*, ne relève que de la Divinité. Ainsi, par le corps nous sommes classés au rang des animaux, mais par la raison et l'âme, nous émanons de l'Intelligence suprême. C'est pourquoi l'homme est cet *être si merveilleux* qui fait le plus grand sujet d'étonnement de toute la nature.

Afin de prouver que tous les hommes sont *égaux devant Dieu*, et que tous ils ont également le droit de jouir sagement de leur *liberté* et de leur *raison* qu'ils tiennent de leur commun Créateur, nous n'aurons qu'à faire voir qu'il y a dans l'espèce humaine *Unité fondamentale*, tous les hommes ayant une même nature, une même origine et une même destinée. Développons ces pensées.

Les hommes sont tous enfants d'un seul père et d'une seule mère que Dieu créa d'abord, et tous ils ont, en conséquence, la même origine, la même nature et la même destinée. En effet, qui pourrait affirmer que les hommes n'ont pas tous une âme douée des *mêmes facultés*, ni un corps le *même chef-d'œuvre*, et d'une ressemblance étonnante pour ce qui fait, au fond, son essence? Ne voit-on pas sur chaque homme le même cachet de cette même puissance créatrice et bienfaisante qui, en tirant les hommes du néant, les a, pour ainsi dire, façonnés sur le même modèle et dans une *unité complète*, de ce qui forme l'essence de l'esprit et du corps?

Il y a entre les hommes différentes nuances de couleur dans l'épiderme qui couvre leur corps, comme il y a aussi dans leur intelligence divers degrés de conception, plus ou moins élevés chez les uns que chez les autres. Mais ce n'est là qu'une chose simplement accidentelle, et qui ne peut nullement fractionner l'*unité* de l'espèce humaine essentiellement *indivisible* par sa nature. L'on avait voulu, dans le temps, justifier l'esclavage des Noirs, à cause de leur couleur différente de l'épiderme; mais ce n'est, au fond, qu'un argument illusoire. Il a été constaté que cette diversité de couleur *blanche*, *cuivrée* ou *noire* et autres, chez les hommes sur tous les points du globe, ne vient positivement que de la diversité des climats qu'ils habitent, et de leur manière de vivre.

Des études sérieuses, de savantes recherches ont été faites à l'égard de cette couleur noire des Africains. L'on a remarqué qu'à mesure que l'on passe des peuples du Nord vers les pays du Midi, la diversité de la couleur de la peau chez les hommes se montre progressivement plus sensible. Puis des pays du Midi, en continuant cette expérience jusque sous le ciel brûlant de la zone torride, l'on trouve que la couleur de l'épiderme prend son plus haut degré d'intensité, et montre à nos regards les Noirs du Sud de l'Afrique. Cette variation de couleurs chez les hommes est à peu près la même dans l'échelle topographique des deux hémisphères. Nous tenons ces remarques de nos plus habiles naturalistes.

Mais peu nous importe quel soit le motif véritable

de cette couleur des Nègres. Dans tous les cas cela ne regarde que la partie matérielle, *le corps* de l'homme. Quant à son âme, *elle n'a point de couleur*, elle est la même, par son essence, dans tous les hommes. La *raison* et l'*intelligence*, qui sont les deux éléments constitutifs de l'espèce humaine, n'ont et ne peuvent avoir aucune forme ni couleur différente, et sont en conséquence les mêmes, par leur nature, chez tous les hommes. Or, le nègre, lui aussi, est doué de *raison* et d'*intelligence*, ce qui le fait essentiellement membre de la grande famille humaine. Ainsi sa couleur noire ne peut rien lui ôter de sa qualité d'homme, ni d'aucune des prérogatives dont Dieu a daigné enrichir l'humanité.

Mais voici encore d'autres raisons non moins claires, et aussi péremptoires que les précédentes :

Le don de la *parole*, Dieu ne l'a donné qu'aux hommes; et pourquoi le leur a-t-il donné? Tout le monde le sait : c'est pour bénir le Seigneur son Créateur et le glorifier; c'est pour se rapprocher de ses semblables; c'est enfin pour que les hommes puissent exprimer leurs pensées, manifester leur joie ou leur douleur ; se communiquer leurs idées et leurs lumières, faire connaître leurs besoins, s'entre-aider et se secourir réciproquement dans le commerce et le mouvement de la vie sociale. Or, le Nègre n'a-t-il pas lui aussi le don de la *parole*? et qui donc oserait le nier? ou bien pourrait-on dire que c'est pour une autre fin que Dieu a donné la parole au Nègre? Cet argument est décisif et n'admet point de réplique. Nous y ajouterons un mot seulement pour mettre à cette question de l'*unité* de l'espèce humaine, le dernier cachet de lumière et de vérité:

Indépendamment de cette prérogative de la *parole*, qui est exclusivement commune à tous les hommes, il devient encore évident, comme Leibnitz l'a pressenti, que l'*affinité des idiomes indique entre les divers peuples la trace d*'une commune origine, d'une fraternité primordiale *dans leur histoire et leur dispersion sur la terre, malgré les distances et les vicissitudes de leur existence.*

Pour ceux qui avaient prétendu que les Nègres étaient esclaves par leur nature, et qu'il leur fallait toujours rester dans une telle condition, parce qu'ils étaient la race de Cham, qui avait été maudit de son père Noé, nous n'avons pas besoin d'en parler; ce serait user inutilement de notre temps, et abuser de l'attention du lecteur. Nous dirons seulement qu'une telle objection ne peut pas même mériter les honneurs de la discussion dans un sujet aussi grave et sacré, et qu'elle ne saurait nullement fixer l'attention d'hommes sérieux et d'un zèle éclairé. Et puis, en admettant même l'hypothèse que cette malédiction de Noé eût pu s'étendre sur toute la postérité de Cham dans l'Afrique, ne savons-nous pas que le Christianisme est venu *tout réparer* dans le monde et *sauver* le genre humain *de toute malédiction et de toute captivité*? Oui, dans le seul fait de l'apparition du divin Rédempteur sur la terre, cet *anathème* de la race de Cham eût trouvé nécessairement son terme final, et tant de maux de cette portion de la grande famille humaine, eussent ainsi été effacés jusqu'à leur moindre trace, pour tout ce qui regarde leur vie morale et tous leurs droits devant Dieu et devant les hommes. Ce que nous écrivons ici l'apôtre saint Paul l'a déjà dit par ces paroles équitables et consolantes :

« Après le baptême il n'y a plus ni Juif, ni Gentil,
« ni *Maître*, ni *Esclave*. » — « Les hommes, dit encore
« le même apôtre, ne sont qu'*un seul corps* en Jésus-
« Christ, dont nous sommes tous les membres [1] ; nous
« sommes tous enfants de Dieu, héritiers du Ciel, et
« cohéritiers de Jésus-Christ [2]. »

[1] Rom., c. XII, § II, 5.
[2] Rom., c. VIII, § II, 17.

Ainsi donc, d'après les résultats de l'expérience et le témoignage d'hommes graves, éclairés et consciencieux ; d'après surtout le sentiment de la conscience, les oracles divins et les Lois saintes et immuables du Christianisme, il est certain qu'il y a dans toute l'espèce humaine, ainsi que nous l'avons déjà dit, *unité fondamentale* et *égalité morale* devant Dieu. Il est donc bien évident, par là, que la diversité de couleur de la peau entre les hommes ne saurait y établir une *différence essentielle* dans leur nature, et que, par conséquent, les habitants noirs de l'Afrique sont eux aussi des hommes comme les autres hommes qui sont d'une couleur différente, et habitent les autres régions du globe, qui est à tous également leur berceau, et leur tombe qui est la porte de l'immortalité. Il résulte aussi de là que tous les hommes *blancs* ou *noirs*, ou d'autres couleurs diverses, n'ont et ne peuvent avoir qu'une *commune origine*, *une seule et même nature,* et que formant ainsi ensemble la grande et sainte *unité* de l'espèce humaine, dont tous les membres sont frères, tous les hommes ont droit à la jouissance des prérogatives que leur donne leur dignité *d'êtres raisonnables et intelligents* que Dieu a placés sur la terre, sous l'empire de sa Loi, qui est une loi de justice, de Charité universelle.

Dieu, être éternel, infiniment parfait et complétement heureux par lui-même, n'a point créé le monde par ostentation, ni pour ajouter à sa gloire ou à son bonheur; mais il l'a créé pour manifester son amour et exercer sa bonté sur ses créatures, qu'il veut rendre heureuses. C'est aussi gratuitement et par un effet de sa bonté que Dieu a tiré l'homme du néant, et qu'il l'a comblé de ses plus grands bienfaits, en le formant à *son image* et lui donnant une *âme intelligente, raisonnable et immortelle*[1]. Et il est bien vrai de dire avec un Père de l'Église que Dieu a fait dans l'Univers *tout pour l'homme, et l'homme pour lui seul* [2]. « *Omnia fecit Deus propter hominem, hominem propter seipsum* [3]. » C'est également par un effet de sa bonté paternelle que Dieu a destiné les hommes à vivre en société, afin de se témoigner réciproquement une affection fraternelle, s'entre-aider en toutes choses dans le commerce de la vie, et jouir paisiblement et sagement de tous les bienfaits de leur commun Créateur.

Dieu dit : « *il n'est pas bon que l'homme soit seul*[4] ; »

---

[1] Voir la lettre O à la fin du volume.
[2] Voir la lettre N à la fin du volume.
[3] S. Chrysost. in Matth.
[4] Gen., c. II, § II, 18.

et, après avoir créé le premier homme, et la première femme qu'il forma de la chair même de l'homme, il unit ce couple en le bénissant par ces paroles : « *Croissez, multipliez, dominez sur les ani-*« *maux et sur toutes les productions de la terre*[1]. »

Voilà la naissance de la société, qui commence avec celle d'Adam et d'Ève. Et cette société n'est, dès son origine, et dans la pensée du Créateur, qu'*une famille* dont Dieu est le père et le sacré lien.

Mais, à cause des passions et des abus auxquels les hommes sont sujets depuis la faute originelle, Dieu a voulu qu'il y eût des lois sur la terre, et un pouvoir souverain qui aurait pour base sa loi divine, afin de conserver intacts et dans l'équité les droits et les devoirs de l'homme sur la terre, pour le maintien de l'ordre et l'assurance du bien-être général.

C'est ainsi que Dieu, infiniment sage et bon, a donné à l'homme des *droits* dont il doit jouir sans en abuser, et des *devoirs* qu'il est essentiellement tenu de remplir, sous peine d'encourir son blâme et ses châtiments. Ces *droits* de l'homme sont donc l'*égalité morale* devant Dieu et devant les Lois hu-

[1] Gen., c. I, § III, 28.

maines; et tous *ses devoirs* se résument dans ces mots : *L'amour envers Dieu et le prochain.*

Droits et *devoirs* [1] ; ces deux mots sont corrélatifs et forment ensemble les liens puissants de l'ordre et de la fraternité universelle. Ils sont comme l'âme ou le fondement de la société humaine; comme les deux *pôles* autour desquels s'opère le mouvement perpétuel du monde moral, et dont le revirement ou la déviation de leurs lois naturelles trouble la raison de l'homme, ébranle l'édifice social, et en fait même quelquefois un amas de désordres et d'effroyables ruines.

Partout où *le droit* civil est consacré par une Loi équitable, basée sur la Loi divine; partout où *les devoirs* de chacun sont exactement remplis sous l'empire de la justice et de l'équité, infailliblement l'ordre, la paix, le contentement général, règnent également. Mais aucun de ces biens ne saurait exister dans une société où il y a *oppression ou esclavage*, parce qu'il y a là *absence du droit* et *absence du devoir;* il n'y a, au contraire, que trouble, périls, confusion, et parfois même crimes et désolation!...

---

[1] Voir la lettre P à la fin du volume.

Un homme esclave, n'importe de quelle couleur, quelque malheureux et quelque abruti qu'il puisse être, ne l'est jamais au point de ne pas sentir vibrer dans sa poitrine une fibre de sa *dignité d'homme*, qui porte essentiellement avec elle le sentiment de sa *liberté*. Sentiment si naturel et si inséparable de l'*être animé*, que, non seulement il se trouve profondément gravé et ineffaçable dans le cœur de l'homme, mais encore chez tous les animaux. Ne voyons-nous pas cet exemple se passer chaque jour sous nos yeux ? Un animal quelconque, quoique dénué de raison, aspire par un instinct naturel à sa liberté : le lion du désert, enchaîné dans un *palais royal*, pousse des rugissements de rage et d'une espèce de lamentation furibonde, et redemande ainsi sans cesse ses antres solitaires et ses vastes forêts de l'Atlas et de la Sibérie ; et l'oiseau *captif* s'agite et gémit dans une *cage d'or*, il tente sans relâche de prendre son essor et de s'envoler vers les champs pour retrouver ses bois et sa liberté chérie.

Comment l'homme, cet être qui est, non seulement animé, mais doué de *raison* et d'*intelligence*, qui seul connaît son Créateur et seul est fait pour le connaître, l'aimer et jouir de tous ses dons.... lui qui, par sa prérogative d'être raisonnable et intelligent, est l'image

7

de son Créateur qui l'a établi *roi dans la nature* et l'héritier du céleste royaume ; comment l'homme, disions-nous, si noble, si grand par sa nature et par sa destinée, ne chercherait-il point à comprendre sa dignité, à user de sa liberté selon son droit, et sous les auspices de lois sages, et de la volonté divine ? Il est naturel que le Nègre esclave (*qui lui aussi est un homme*) désire sa liberté, comme il est juste qu'il puisse en jouir ainsi que les autres hommes, dont il ne diffère que par une simple nuance de la couleur de sa peau. Et cela est d'autant plus juste, qu'une longue expérience nous prouve qu'il y a dans le Nègre *assez d'intelligence et assez de raison* pour qu'il puisse bien apprendre ses devoirs et bien user de ses droits ; oui, lui aussi saura jouir sagement et légitimement de sa liberté comme les autres hommes, et continuer en paix dans nos colonies, où il habite, un travail volontaire et régulier, en améliorant en même temps sa vie morale et chrétienne.

L'on avait souvent objecté contre le projet de l'émancipation des Noirs de nos colonies les suites désastreuses de l'affranchissement de Saint-Domingue, qui a eu lieu en l'année 1791 [1]. Cette objection n'est d'aucune valeur pour des hommes sé-

[1] Voir la lettre PP à la fin du volume.

rieux, et elle ne prouve absolument rien contre le projet de l'émancipation des esclaves de nos pays d'outre-mer. La raison en est toute simple et péremptoire ; la voici :

L'émancipation des esclaves de Saint-Domingue n'a point été un véritable bienfait, et ne l'est pas même encore, pour toutes les malheureuses populations noires de cette île, parce qu'elle a été *uniquement et exclusivement l'œuvre du désespoir, du désordre et de la barbarie*, et que le divin génie de la religion, ni la sagesse des lois humaines, n'avaient point été appelées pour préparer et accomplir cette régénération sociale des populations haïtiennes.

Il n'est donc pas étrange qu'*une telle transition de la servitude à la liberté*, qui s'est opérée *brusquement et avec la violence de l'ouragan*, ait produit des conséquences aussi déplorables ; c'était, en ce cas, chose naturelle, inévitable. Mais rien de tout cela n'est à craindre pour nos colonies, parce qu'ici l'émancipation des esclaves *se prépare* de loin, d'une manière toute paternelle, *sous les auspices de la religion*, et qu'elle doit *s'accomplir légalement et avec ordre sous l'empire des lois sages et équitables* de la Mère-Patrie. Ainsi donc, si l'émancipation des Noirs de l'ancienne *reine des Antilles* (Saint-Domingue) ne fut, dans sa source comme dans ses effets, qu'une *grande catastrophe*; elle sera bien certainement dans nos colonies un *grand et glorieux événement, un bienfait véritable* pour toutes les classes de la population, une source nouvelle et féconde de bien-être moral et matériel pour les générations présentes et celles de l'avenir.

Des faits existent déjà à cet égard, et viennent se placer naturellement ici à l'appui de ce que nous venons de dire.

Depuis 1830, près de trente mille esclaves dans nos colonies ont été affranchis, et dont le plus grand nombre se sont rachetés d'eux-mêmes, à un prix assez élevé, avec les deniers de leurs économies et d'un surcroît de travail qu'ils s'étaient volontairement imposé à cet effet. Or, tous ces nouveaux affranchis nous les avons vus et examinés de bien près dans la colonie, pendant plusieurs années jusqu'en 1841 ; et nous avons remarqué avec une bien douce satisfaction qu'ils **cherchent avidement à s'instruire et à se moraliser** sous l'action religieuse, à se grouper régulièrement dans l'état de famille et dans l'ordre de la vie sociale. Ils sont tous des sujets paisibles, laborieux et intelligents, utiles à eux-mêmes et au pays.

Nous nous faisons un devoir de citer ici, à cet égard, un exemple vraiment remarquable et bien digne d'être porté à la connaissance de la Métropole :

En l'année 1835, à l'occasion d'une visite pastorale que nous faisions dans toute la colonie, nous traversions les campagnes d'une paroisse, dans la partie de l'est de l'Ile. Un Nègre, âgé d'environ quarante ans, très robuste et d'une physionomie fort intéressante, vint au-devant de nous sur notre route pour se procurer le plaisir de nous voir de près et nous saluer; il avait reconnu notre habit de missionnaire, ce qui est généralement pour les Nègres, dans leur malheureuse situation, comme *un signe d'espérance, un symbole sacré* d'équité, de protection et de paix. Après avoir adressé quelques paroles paternelles à ce Nègre qui venait de nous saluer et dont la physionomie heureuse avait attiré notre attention, nous demandâmes au curé missionnaire de la paroisse, qui nous faisait l'honneur de nous accompagner, de nous donner quelques détails sur ce Nègre. Voici sa réponse :

« Je connais ce Nègre depuis près de quatorze

« ans que je suis dans ce quartier ; il a été toujours,
« et il est encore mon paroissien. Il était esclave ;
« il s'est toujours fort bien conduit ; il a su si bien
« travailler, si bien faire des économies qu'il a pu
« se racheter avec ses propres deniers, lui et sa pe-
« tite famille. *Depuis qu'il est libre il continue à tenir*
« *la même conduite*, qui est vraiment *exemplaire*, sous
« tous les rapports. Il s'est acheté, par le fruit de son
« labeur, une petite habitation où il travaille avec ses
« enfants. Il vit dans une honnête aisance avec sa
« famille, qui est un des meilleurs ménages de ma
« paroisse. »

Sans doute ce récit est bien consolant pour tous les cœurs nobles et chrétiens. Un tel exemple d'un Nègre affranchi est un fait bien précieux et des plus rassurants pour l'avenir de nos colonies, car il y a là une preuve matérielle et bien décisive de ce que les esclaves de nos colonies pourront devenir après leur émancipation, des sujets laborieux et intelligents, de bons chrétiens, et des citoyens paisibles et utiles au sein de la grande famille.

Il suffit d'entrer en soi-même, de s'étudier avec un peu de soin, et de se rendre compte des impressions qu'on éprouve, pour être convaincu de

cette vérité consolante : « L'homme a plus de res-
« sources pour *le bonheur* que pour *la souffrance*; il
« ne tient qu'à lui d'accroître la somme des biens
« qui peuvent être son partage parmi les maux
« innombrables qui assiégent l'humanité ; » mais
pour cela il faut à l'homme nécessairement et toujours qu'il soit à *l'état de liberté*, et qu'il puisse
donner un développement convenable à toutes ses
facultés intellectuelles par le moyen *d'une bonne
éducation*, d'une éducation, au moins, élémentaire
et pratique, ayant pour base première la vérité religieuse, et toutes les vertus que prescrivent les lois
et le devoir.

Les nouveaux affranchis n'ont pas, il est vrai,
présentement, une prédilection pour aller labourer
la terre sur les grandes habitations avec leurs anciens compagnons d'infortune qui sont encore dans
l'esclavage. Cela se conçoit. Il est naturel pour le
Nègre affranchi d'avoir de la répugnance d'aller
percer de *ses mains libres* ce même sillon qu'il arro-
sait naguère de sa sueur de l'esclavage, et de se
trouver obligé de rentrer ainsi dans *les rangs des
travailleurs esclaves*, qu'il voit être trop au-dessous
de lui *homme libre*. Et c'est par cette raison, que, tant
qu'il y aura esclavage, le Nègre libre ne verra que

la honte et le mépris attachés au travail de la terre, parce qu'il n'y voit qu'un travail *forcé* et fait *seulement par l'esclave*; et il cherchera, en attendant, à pourvoir à son existence par d'autres moyens convenables. Mais aussi il est certain que, dès le moment où l'esclavage aura *entièrement disparu* dans nos colonies, et que l'on verra la culture des terres remise en honneur, et généralement faite par des *mains libres*, le préjugé disparaîtra totalement, et tous les affranchis s'adonneront sans difficulté au labour des terres; surtout l'émancipation s'opérant par de sages mesures et dans toutes les conditions convenables.

Telle est aussi, à cet égard, l'opinion du ministère de la marine. Nous lisons dans un ouvrage fort intéressant sur les colonies, publié par les soins du ministère, le passage suivant :

« Le travail de la terre est généralement anti-
« pathique aux personnes appartenant à l'ancienne
« classe de couleur libre, et surtout aux affranchis
« de fraîche date qui croiraient, en s'y adonnant,
« *s'assimiler aux esclaves*. Ce préjugé ne peut man-
« quer de s'affaiblir, et même de *disparaître* par
« suite de la nécessité où se trouvera bientôt cette

« nombreuse population de se rendre utile au pays
« et à elle-même [1]. »

Nous pouvons encore ajouter ici que la continuation de la culture des terres et de leurs produits, après l'émancipation, sera d'autant plus assurée dans les colonies, que l'on a en ce moment de nouveaux instruments aratoires et industriels qui facilitent et accélèrent le travail, et réduisent considérablement la force matérielle des travailleurs. Déjà le Gouvernement dirige ses soins vers cet objet important, et des compagnies françaises paraissent se former activement pour cela, afin de pouvoir obtenir sur le sol des colonies, par de nouveaux procédés, *de plus grands produits avec moins de travail.*

Avec tant de soins, sous de tels auspices, l'on peut bien se rassurer sur l'avenir de la prospérité des colonies. Le Nègre affranchi donnera facilement à la société coloniale le tribut de son travail volontaire et régulier; et les propriétés des colons, après, peut-être, quelques souffrances légères et momentanées, ne pourront manquer de prospérer, par la suite, d'une manière plus solide et bien plus satisfaisante sous tous les rapports. Puis, alors, comme

[1] Notices statistiques sur les Colonies françaises. Ire partie, p. 3.

l'esprit sera calme, l'âme pure et contente! car chacun pourra, à cette époque de *liberté* et de *prospérité morale et matérielle*, se poser avec un noble orgueil la main sur le cœur, et dire à Dieu, avec une joie que l'on n'avait pas encore connue :

« Divin Sauveur des hommes, vous l'avez dit, *nous
« sommes tous* Frères ! C'est ainsi que nous vou-
« lons vivre désormais, dignes de vous, dignes de
« nous-mêmes et de vos inépuisables bienfaits ! »

Déjà l'expérience des siècles passés nous a montré qu'en faisant passer l'homme de la servitude à la liberté, du travail forcé au travail libre, loin d'avoir pour résultat les troubles et la détresse dans le corps social, l'on n'a fait, au contraire, qu'en consolider l'ordre, et augmenter la fortune publique. Il est une vérité incontestable, et c'est ici le cas de le dire : *l'éducation fait l'homme*, et sait répondre à tous ses besoins. En effet :

Que nous dit l'histoire de la destruction de la féodalité et de l'esclavage, en Europe, au moyen âge ? « L'Europe entière n'avait ni chemins, ni au-
« berges; ses forêts étaient remplies de voleurs et
« d'assassins; ses lois étaient impuissantes, ou

« plutôt il n'y avait point de lois. La religion seule,
« comme une grande colonne élevée au milieu des
« ruines gothiques, offrait des abris et un point de
« communication aux hommes [1] », et leur ouvrait à
tous des sources nouvelles de vie, de lumières, de
richesses et de prospérité.

Oui, depuis cette époque, depuis l'abolition de
l'esclavage en Europe, qu'y voyons-nous ? La France
devenue entièrement *libre* a-t-elle perdu de sa prospérité, de son commerce, de son industrie, de sa
moralité, de sa gloire ? N'a-t-elle pas, au contraire,
gagné, et largement gagné en tout cela ? Que voyons-nous autour de nous ? d'immenses richesses, des
chefs-d'œuvre des arts et des sciences, des monuments sans nombre de tous les genres de gloire et de
bienfaisance chrétienne qui s'élèvent partout dans
nos villes et nos campagnes ; la religion vénérée et
répandant en paix, du haut de son trône immortel,
tous ses trésors célestes ; et là où il n'y avait jadis
qu'*oppression, ténèbres et détresse*, se montre, de nos
jours, une *grande et magnanime Nation, un peuple libre,
éclairé, sage, paisible et complétement heureux* ; autant,
du moins, que peuvent l'être les sociétés humaines

---

[1] Châteaubriand.

que vivifient le divin génie du Christianisme et la civilisation.

Le Christianisme, en détruisant l'esclavage en Europe, a été le premier émancipateur de l'industrie, et a ouvert les sources nouvelles d'une félicité générale sous le double rapport moral et matériel. En effet, tous les hommes devenus libres sous l'empire de son amour et de ses lumières ont pu mieux chercher dans leurs communs travaux, et facilement trouver les moyens de se procurer un bien-être meilleur, plus complet, et s'avancer ainsi dans une prospérité toujours croissante sur la grande échelle du progrès social.

Ceux donc qui représentent le Christianisme comme arrêtant le progrès des lumières, ou comme un obstacle du bien-être matériel de l'homme, contredisent manifestement les témoignages historiques. « Partout, dit un de nos illustres écrivains, « la civilisation a marché sur les pas de l'Évangile, « au contraire des religions de Mahomet, de Brahma « et de Confucius, qui ont borné le progrès de la « société, et forcé l'homme à vieillir dans son enfance » et dans la misère, en le retenant dans l'ignorance et dans l'esclavage.

Cela est facile à concevoir : l'homme est doué d'intelligence, qui est le signe divin de sa dignité, son trésor inépuisable, le foyer des merveilles de son génie, la source abondante et précieuse qui répond à tous ses besoins et sait les satisfaire. Mais cette prérogative céleste de l'*intelligence*, pour donner ses fruits, elle ne peut ni ne doit rester *captive*. Elle est *esprit et vie*, elle a besoin de lumières et de développements ; et ces lumières et ce développement elle ne saurait les trouver que dans l'*éducation* et *la liberté*, dans les enseignements de l'Évangile, dans la jouissance de tous les droits de l'homme et dans la pratique de ses devoirs.

Or le Nègre, lui aussi, a comme tous les autres hommes cette même prérogative d'être *intelligent* ; et si l'on a cru voir que l'intelligence chez le Nègre ne se trouve point à un degré aussi élevé que chez le Blanc, elle n'en est pas moins la même intelligence, parfaitement identique par sa nature, et susceptible d'amélioration et de développement aussi bien dans l'un que dans l'autre.

Il est suffisamment démontré, selon nous, par les raisons que nous venons d'exposer, qui sont aussi claires que positives, que *le Nègre est* essentiellement, par *son origine*, *sa nature* et *sa destinée*, un HOMME comme le sont tous *les Blancs*, desquels le premier ne *diffère* que par la couleur. Il ne reste aucun doute que le Nègre peut et doit être élevé à l'état de civilisation et de liberté, conformément à la Loi divine, et en vertu du droit de justice et d'humanité. Mais, pour atteindre ce but, le Nègre esclave a essentiellement besoin d'y être préparé par une éducation religieuse bien soignée, appropriée à sa nature et à ses besoins, et qui doit faire de lui un homme raisonnable, un sujet paisible et laborieux, avant que la Loi en fasse un homme civil, et membre intégrant du corps social, dont il l'est déjà par sa nature.

Il est également démontré par l'expérience et les faits que nous venons de citer, que le *travail volontaire* et *régulier* par le Nègre est, non seulement *possible*, à l'état de liberté, mais encore *facile* à obtenir, à condition cependant que *l'Emancipation ne se ferait définitivement et complétement qu'au bout d'un terme convenable, et après avoir été préparée* PAR UNE ÉDUCATION RELIGIEUSE, SAGEMENT DIRIGÉE ET FORTEMENT ORGANISÉE, *selon les besoins du moment, et de la manière que nous allons indiquer plus bas, dans le dernier Chapitre de cet ouvrage.*

Si l'on a vu des maîtres d'esclaves, dans nos colonies, manifester de la répugnance, et faire même de l'opposition pour la propagation de l'instruction religieuse dans leurs ateliers, c'est parce qu'ils pensaient que, par ce moyen, le projet de l'Émancipation allait bientôt se réaliser, et qu'ils s'obstinaient à croire que les Nègres, une fois libres, auraient entièrement abandonné le travail des terres sur leurs habitations, ce qui aurait nécessairement entraîné, selon eux, la ruine totale de leurs propriétés.

Cette crainte des maîtres d'esclaves, quoique n'étant point fondée, comme nous venons de le faire voir, est pourtant chez eux toute naturelle et ne doit point nous étonner. Nous savons que le sol des pays du Tropique n'est et ne peut être cultivé que par les Nègres, qui habitent sous cette même zone torride d'Afrique, et que nos travailleurs européens n'ont pu jamais y résister à l'action meurtrière du climat pour labourer les terres. Il est évident que, dès le moment où les Nègres cesseraient leur travail, les produits des grandes cultures des habitations deviendraient presque nuls. Il est donc juste et fort naturel que, placés devant une perspective aussi inquiétante, les maîtres d'esclaves fassent entendre leurs craintes et qu'ils demandent en même temps des garanties de leur avenir, avant de consommer l'œuvre de l'Émancipation ; et, à cet effet, ils désirent que la Métropole puisse leur assurer *le travail volontaire et régulier des Nègres affranchis,* en les formant à cela, à l'avance, par des moyens préparatoires les plus efficaces et les mieux convenables.

Cette demande de la part des maîtres nous semble fort raisonnable. Elle sera sans doute accueillie avec faveur et empressement, d'autant plus qu'elle est dictée par des sentiments de prudence et d'humanité ; car cela tend essentiellement à assurer et à perpétuer dans nos colonies, avant comme après l'Émancipation, l'abondance et la paix dans l'ordre social, le bien-être général des colons ainsi que de tous les affranchis, sous le double rapport moral et matériel.

Nous traiterons ce sujet de la préparation des esclaves à l'Emancipation, dans un des Chapitres suivants, qui aura pour objet l'Education religieuse des Noirs.

VI.

DE L'ÉTAT ACTUEL DE L'ESCLAVAGE

DANS LES COLONIES FRANÇAISES.

L'esclavage des Noirs fut établi en Amérique, comme nous l'avons déjà dit, par les Espagnols et les Portugais, peu de temps après la découverte du Nouveau-Monde, il y a environ trois siècles.

Nous voulons nous abstenir de tracer ici l'histoire à jamais déplorable de la traite des Noirs, et de toutes les souffrances que ces malheureux enfants de l'Afrique ont eu à supporter de la part des vendeurs et des acheteurs de cette chair humaine. Le récit en serait d'autant plus long et plus difficile qu'il n'offre à nos regards que des tableaux déchirants et sombres.

Nous dirons seulement que ces marchés d'esclaves,

sur les côtes du Sud de l'Afrique, étaient sans cesse alimentés par des ruses iniques des acheteurs ou par des guerres sanglantes qu'on livrait aux Nègres dans leurs déserts, où l'on en faisait de riches et fréquentes captures. D'après les notices historiques de la traite, il paraît certain que presque la moitié de ces esclaves, étroitement entassés sur les navires négriers, succombaient sous le poids de leurs souffrances sur les flots de l'Océan Atlantique, avant de pouvoir aborder les rives de l'Amérique. Le sort des Nègres qui survivaient dans ce grand trajet n'était guère souvent meilleur que celui qu'ils venaient d'éprouver sur les plages de la Guinée.

Dans les premiers temps le régime des esclaves aux colonies des deux Indes ne fut point sans reproches, et souvent même très blâmable. L'histoire nous l'affirme, et il ne nous est point permis d'en douter. Mais jetons un voile sur le passé, laissons loin de nous ces tristes souvenirs ; un cœur élevé et véritablement chrétien doit aux hommes, en toutes choses et toujours, *pardon* pour le *mal déjà passé ; pitié* pour le *mal présent ; espérance* pour un *avenir meilleur* vers lequel il faut tendre, et diriger paisiblement et avec amour ceux qui s'en étaient malheureusement éloignés.

Nous allons arrêter un instant notre attention sur la situation présente de l'Esclavage dans nos colonies. Nous savons, et il nous est doux de pouvoir l'annoncer, que le régime des esclaves s'y est beaucoup amélioré, et qu'il y a maintenant dans ces pays de bonnes dispositions pour entrer et avancer dans la voie qui conduit vers le but final de l'Émancipation.

Oui, il faut le dire à l'honneur des colons, de leur sage direction, depuis quelques années un changement considérable et salutaire s'est opéré dans le régime des esclaves. Il y a en cela un progrès bien marqué. A part quelques exceptions, devenues désormais isolées et fort rares, la manière dont les maîtres traitent maintenant leurs esclaves est déjà plus raisonnable, et devient toujours plus sage et modérée. C'est ce que nous avons pu reconnaître, et bien constater nous-même à l'occasion de nos visites pastorales dans les villes et les campagnes de toute la colonie, pendant tout le temps que nous avons dirigé la Mission apostolique de la Martinique aux Antilles.

Cet état d'amélioration matérielle des esclaves, nous l'avons remarqué sur divers points de l'île et principalement sur les habitations de MM. Pécoul, de Sanois, de Marolles (maire du Lamentin); du général Bertrand, de Belle-Ile (de la Trinité), et sur l'habitation, dite, de Saint-Jacques (à Sainte-Marie), où il y a près de trois cents esclaves. En signalant de tels faits, nous rendons hommage à la vérité avec d'autant plus de plaisir que la conduite de nos colons actuels envers leurs esclaves n'a pas été toujours bien appréciée, et parfois même calomniée par des personnes qui n'en avaient point une connaissance exacte.

Il y a eu, il est vrai, dans des temps passés et désastreux, de graves abus de la part des maîtres envers leurs esclaves; mais il n'en est plus ainsi. Dans ces pays, comme ailleurs, les hommes ont changé avec les temps. On ne voit presque plus maintenant chez les colons de cruels abus, ni des traitements inhumains dans leurs ateliers; et les anciens préjugés y ont déjà commencé à perdre de leur force et de leur vaine illusion. Leurs longues et fréquentes relations avec l'Europe, la douce influence de la Charité chrétienne, et les saints attraits de la civilisation, qui, depuis quelques années surtout, les pressent avec amour et avec un zèle persévérant, tout cela porte au fond de leur âme des idées nouvelles, des pensées sages et élevées, et complétement en rapport avec leurs besoins actuels et avec les lumières du siècle. Les colons ont bien sans doute leurs défauts, mais ces défauts ont déjà beaucoup diminué de leur ancienne gravité; et ce qu'il peut en rester encore se trouve compensé par de nobles qualités qui les honorent, et que l'Européen peut facilement remarquer dans leur *bonne* et *cordiale hospitalité* qui ne se trouve nulle part dans aucune autre contrée du Globe, et que l'on ne saurait comparer qu'à celle des anciens patriarches.

Il est donc certain que la situation des esclaves dans nos colonies *est devenue meilleure sous le rapport matériel,* à cause d'un nouveau régime de douceur et d'humanité, de la part des maîtres, qui rend le joug de l'esclavage moins lourd et un peu plus supportable.

Mais pourtant qu'est-ce que cela, en définitive, quand on pense que ce n'est qu'une *amélioration purement physique*, un bien-être simplement *matériel* ? Qu'est-ce, en résumé, qu'un *bien-être matériel* dans l'absence complète du *bien être moral?* c'est, selon l'expression de l'apôtre saint Paul, « un homme qui fait de son corps un Dieu ; » *quorum Deus venter est;* ou bien c'est, comme il dit encore ailleurs sur ce sujet, « c'est l'*homme animal* qui ne connaît point « la vie de l'esprit, ni ne sait rien comprendre aux « choses divines. *Animalis homo non percipit ea quæ* « *Dei sunt.* » Ainsi donc, dans cette amélioration simplement *matérielle*, quoique ce soit là déjà un grand pas de fait et une fort bonne chose, la vie du Nègre esclave n'est pourtant ainsi, en résumé, que *la vie de la brute !* Car le Nègre esclave ne sait faire ni *ne peut faire librement usage de toutes ses facultés intellectuelles*, et il n'y a, par conséquent, pour lui ni *vie morale*, ni *volonté libre*, comme nous le disions tout à l'heure ; il n'y a pour lui, dans cet état de choses, *rien de l'homme moral !.... rien de ce qui fait son droit, ses divines prérogatives*, ni qui puisse remplir LE VÉRITABLE BUT DE SON EXISTENCE QUE DIEU LUI A DONNÉE.

Eh ! faut-il, après cela, nous étonner si nous voyons le *Nègre esclave*, stupide et malheureux, croupir dans une ignorance profonde... dans l'abîme d'une vie dégradée et ténébreuse... et parfois même souillée de grands crimes, pour se soustraire au joug de l'esclavage ? Quoi qu'on en dise, le Nègre sent bien dans sa condition d'esclave qu'il a besoin d'autre chose que d'un *peu de pain, ou d'une chaîne moins pesante, et de quelques heures d'un tranquille sommeil !....* Il sent, à sa manière, que son esprit est à l'étroit, qu'il a besoin de respirer un autre air, qu'il lui faut vivre dans le grand cercle de l'atmosphère de l'ÊTRE PENSANT *et* LIBRE, que Dieu remplit de lumière et de vie. Ces sentiments sont naturels chez tous les hommes, l'Écriture même nous le dit : *Signatum est super nos lumen vultus tui, Domine ; dedisti lœtitiam in corde meo.* « La lumière de votre « visage est gravée sur nous, Seigneur ; vous avez « fait naître la joie dans mon cœur [1]. »

Oui, il ne faut point se le dissimuler, les Nègres esclaves comprennent leur condition, ils connaissent leur situation abjecte et malheureuse, ils la déplorent, en attendant toujours !.... Aussi ont-ils souvent cherché à secouer le joug par de fréquentes évasions, en passant sur la terre étrangère, dans les *îles libres* de la Nation britannique. Et si nous voyons les Nègres demeurer actuellement dans une attitude patiente et calme, c'est parce que la *bonne nouvelle* leur a été déjà annoncée ; c'est parce que la religion les inspire, que la Mère-Patrie leur a fait entendre sa voix paternelle et libératrice, et que, leur joug étant devenu moins dur, ils attendent dans le silence et avec *une résignation vraiment admirable* le jour de leur délivrance, le *précieux bienfait de la li-*

[1] Ps IV.

berté ; car ils ont foi dans la Religion, confiance dans la Mère-Patrie, dont ils veulent se rendre dignes et reconnaissants.

Sous le rapport moral, l'état de l'esclavage dans nos colonies, quoiqu'en voie d'amélioration, est encore, il faut l'avouer, fort déplorable. La vie intérieure des esclaves est en général une confusion désolante. *Les mariages parmi eux sont fort rares* [1] ; par conséquent, point de liens de famille chez eux, point d'affections domestiques, pas un objet légitime et sacré dans la vie privée du Nègre qui puisse fixer son esprit, et remplir son cœur qu'il lui faut avoir *toujours vide !..... toujours souffrant !* Et c'est ce qui tient le Nègre esclave dans un état permanent d'ineptie et d'abrutissement qui le rend indolent, paresseux, sans soucis, et toujours enclin à une vie solitaire et nomade.

L'Éducation religieuse d'abord, puis son affranchissement, cela seul pourra tirer l'esclave de son état actuel d'abrutissement et de souffrance morale.

Pour être juste, nous devons faire ici une spéciale et honorable exception en faveur de l'habitation

---

[1] Voir, à ce sujet, une note statistique fort intéressante à la lettre Q, à la fin du volume.

Pécoul, située près de la ville de Saint-Pierre à la Martinique. Le maître de cette habitation, qui est une des plus considérables de la colonie, dirige le nombreux atelier de ses Nègres avec les mêmes soins et la même bonté qu'aurait un père pour sa propre famille. Ce même maître aime et vénère la religion ; il tient aussi à la faire aimer et vénérer par tous ses Nègres, et leur procure pour cela tous les moyens convenables. Depuis longtemps la religion y est régulièrement enseignée et pratiquée. Aussi en voit-on dans tout l'atelier des résultats bien précieux. Plus d'une fois nous avons nous-même vu et examiné personnellement, sur les lieux, le nombreux atelier de cette habitation de M. Pécoul, et nous avons pu reconnaître avec une bien douce satisfaction que l'on peut, à juste titre, la considérer comme *une habitation modèle* dans la colonie.

Eh ! si partout, dans les autres habitations de l'île, et de toutes nos colonies, la religion était, comme dans celle-ci, régulièrement enseignée et pratiquée.... quel beau spectacle viendrait alors s'offrir à nos regards ! Malheureusement jusqu'à ce jour il n'en est pas ainsi ; mais cela peut être, et cela sera ; il n'est point permis d'en douter. Car l'abolition de l'esclavage est un acte que commandent impérieusement Dieu, la justice et l'humanité, et que tout homme comprenant la dignité de son être et son propre honneur ne saurait que s'empresser de seconder et de lui aplanir toutes les voies, bien loin d'y faire la moindre opposition.

Poursuivons.

Le mariage, qui est une condition de moralité, une source féconde de civilisation et de bonheur domestique, est cependant généralement repoussé par les Nègres esclaves. Ils en donnent leur raison qui est bien naturelle, et dont nous ne devons point nous étonner. Ils disent qu'ils sont assez malheureux dans leur état d'esclavage, et qu'ils ne veulent point du mariage, pour ne pas avoir des enfants qui ne pourraient qu'aggraver leurs peines en venant partager nécessairement leurs malheurs de l'esclavage.

Voici, à ce sujet, un trait remarquable que nous lisons dans le Père Dutertre, missionnaire et historien des Antilles :

« L'on a vu, dit-il, à la Guadeloupe une jeune Né-
« gresse si persuadée de la misère de sa condition,
« que son maître ne put jamais la faire consentir à
« *se marier....* Elle attendit que le Père (à l'autel) lui

« demandât si elle voulait un tel pour son mari ;
« car pour lors elle répondit avec une fermeté qui
« nous étonna : « — Non, mon Père, je ne veux ni
« celui-là, ni même d'aucun autre ; je me contente
« d'être misérable en ma personne, sans mettre des
« enfants au monde, qui seraient peut-être plus
« malheureux que moi, et dont les peines me se-
« raient beaucoup plus sensibles que les miennes
« propres. » — Elle est aussi toujours constamment
« demeurée dans son état de fille, et on l'appelait
« ordinairement : *la Pucelle des Iles.* »

Le Nègre porte cependant au fond de l'âme un sentiment sincèrement religieux, mais qui n'est chez lui, en quelque sorte qu'ébauché, et a essentiellement besoin de lumière et de développement ; car pour le plus grand nombre des esclaves ce sentiment religieux n'est souvent que préjugé et superstition, à cause de leur état d'ignorance et d'abrutissement. Mais cependant, nous pouvons l'affirmer, le Nègre désire beaucoup s'instruire de la religion et de la pratiquer, il y attache même une espèce de gloire, et en éprouve une grande joie.... Il se trouve si heureux de voir la religion *descendre jusqu'à lui*, orphelin délaissé dans le monde, pour le consoler et le bénir, et pour lui dire : « *Fils d'Adam, enfant des*

« *souffrances, héritier de la céleste immortalité, espère en*
« *celui qui est ton Créateur, et le Père commun de tous les*
« *hommes !.... et qui est surtout le Dieu protecteur et*
« *infiniment bon des hommes qui font le bien, de tous*
« *ceux qui souffrent, des pauvres, des captifs, et des*
« *orphelins !....* » Le Nègre esclave trouve dans ce langage quelque chose de paternel et de céleste qui le pénètre et relève son âme flétrie, et se sent porté par là à une vie sage et régulière, pour se rendre digne de ces précieux bienfaits de la religion.

Le Nègre est, de son naturel, respectueux et pacifique, il est même *généreux* et *dévoué* envers ceux qui le dirigent et lui font du bien ; il y a eu de cela des exemples vraiment touchants et fort remarquables dans les colonies. Nous pouvons citer, entre autres, à cet égard un exemple arrivé tout récemment à la Guadeloupe, à l'occasion de l'effroyable désastre du tremblement de terre qui a fait de notre malheureuse ville de la Pointe-à-Pître un monceau de ruines :

Un Nègre de la colonie de la Guadeloupe fit preuve, dans cette calamiteuse circonstance, d'un désintéressement et d'un dévouement si héroïques, que le conseil colonial de l'île vota solennellement, dans une de ses séances, pour ce Nègre des *remerciements*, et une assez forte somme à titre de gratification et de récompense nationale. Honneur à cette Assemblée des notables de la colonie, à ces hommes dont l'esprit noble et élevé sait si bien apprécier et récompenser la vertu et les sentiments généreux partout où ils se trouvent, chez le *Nègre même*, et même chez *l'esclave !....* C'est ainsi que l'on imite Dieu juste et bon, auprès duquel il n'y a *acception des personnes*, et qui « *rendra à chacun,* non selon son rang et ses riches-« ses, mais seulement *selon ses œuvres et ses mérites,* » comme cela est écrit dans l'Écriture sacrée [1].

Voici encore un fait à peu près du même genre, que nous avons appris nous-même sur les lieux, par des personnes qui en ont été témoins oculaires, et qui n'est pas moins remarquable que celui que nous venons de citer :

Une dame (blanche), veuve et ayant plusieurs enfants, se trouvait réduite à une extrême misère ; elle vivait sur ses terres, au pied de la montagne qui domine la ville de Fort-Royal, à la Martinique. C'était une honnête famille, que la mauvaise fortune avait durement éprouvée. Elle avait tout perdu,

[1] « Opera enim illorum sequuntur illos. » S. Jean.

et ne lui restait pour unique ressource qu'*une négresse esclave* qui était devenue pour cette famille une véritable providence. Cette pauvre esclave, voyant sa maîtresse si malheureuse, se voua corps et âme, et avec une complète abnégation d'elle-même, pour lui procurer par son travail et son zèle infatigable, tout ce qui était nécessaire pour son entretien et celui de ses *enfants*. Cette Négresse travaillait sans relâche, et de son propre mouvement, sur la petite habitation de sa maîtresse. Une fois par semaine elle faisait un long et pénible trajet, chargée des fruits de son travail, qu'elle allait vendre à la ville. Le lendemain elle repartait pour la campagne, et se hâtait d'apporter tout le produit de son labeur à sa maîtresse malheureuse, dont elle était ainsi devenue la *Mère nourricière et consolatrice*.

Vraiment, l'on croirait voir ici un de ces traits si dévoués et si touchants de l'exemple de Ruth, dont parle l'histoire des patriarches, qui, s'oubliant totalement elle-même, et n'écoutant que le sentiment du dévouement et de la charité, va glaner pendant toute la chaleur du jour dans les champs de Booz, et ramasser des épis pour nourrir sa grand'mère Noémi, veuve et malheureuse, dans son état d'extrême misère !

Cette pauvre Négresse esclave, dont nous venons

de rapporter l'exemple de dévouement vraiment admirable, finit par en être la victime ; elle trouva la mort dans l'événement désastreux du tremblement de terre qui, le 11 janvier 1839, détruisit presqu'entièrement la ville de Fort-Royal. Cette malheureuse esclave, si justement regrettable et digne d'un meilleur sort, y était arrivée la veille, et devait repartir ce jour même qui lui ôta la vie, pour retourner vers sa maîtresse, avec le secours ordinaire de son zèle et de ses sueurs.

La nouvelle de sa mort couvrit de deuil toute la famille de sa maîtresse, qui la pleura avec les larmes d'une mère tendre et reconnaissante, et ne cessera certainement de la pleurer toute sa vie!....

Cette histoire si touchante fit couler nos larmes sur ces mornes solitaires où nous étions en ce moment, au milieu de quelques esclaves, et se mêlèrent à celles des personnes qui nous en faisaient le récit, avec les sentiments d'un cœur chrétien et plein d'une noble admiration. Nous quittâmes ensuite ces personnes en les exhortant à prendre pour modèle de fidélité et de dévouement cette généreuse esclave qui avait si bien vécu, et qui s'était rendue si digne de leurs regrets et de leur souvenir.

Il est bon aussi de faire savoir que le missionnaire a, par son caractère sacré et par ses marques d'intérêt paternel qu'il lui témoigne sans cesse, un grand ascendant sur le Nègre ; et il peut facilement le *façonner*, pour ainsi dire, à son gré et le diriger sans obstacle dans la voie nouvelle qu'il est appelé actuellement à parcourir, afin d'arriver graduellement et sans difficulté aucune à un degré convenable de civilisation, et de se rendre digne d'entrer dans une jouissance complète et sage de la *loi commune* et de la vie sociale.

L'on a dit souvent que le Nègre est naturellement « paresseux, et qu'une fois libre il ne voudrait plus « travailler ; qu'ainsi, les champs resteraient in- « cultes, et les propriétaires totalement privés de « leurs revenus ordinaires. » Mais pourquoi se faire un effroyable fantôme d'une simple crainte qui n'est point fondée, comme nous l'avons déjà démontré plus haut? Dans un sujet aussi grave que celui de l'*Émancipation*, qui nous occupe, et où il s'agit de rendre *à Dieu ce qui est à Dieu, à l'homme ce qui est à l'homme, à la société ce qui est dû à la société*, où il s'agit, en un mot, de rendre l'*esclave*, comme les autres hommes et tel que Dieu le veut, un HOMME LIBRE, UTILE *et* VERTUEUX, dans un sujet aussi grave, disions-nous, il ne suffit point de quelques objections légères et intéressées pour le juger et en tirer, à son gré, des conclusions définitives. Il faut ici des réflexions sérieuses, profondes, sincèrement généreuses et n'ayant d'autre but que la gloire de Dieu, l'honneur de l'humanité, la dignité de l'homme, et son véritable bonheur moral et matériel.

Or ces réflexions graves, profondes, et sincèrement généreuses, nous les avons faites pendant longtemps et sur les lieux mêmes, et nous n'hésitons point à affirmer positivement, ainsi que nous l'avons déjà dit, que le *travail volontaire et régulier par le Nègre émancipé* sera non seulement *possible,* non seulement *facile* à obtenir, mais que cela sera même un *fait général* et *naturel* dans nos pays d'outre-mer, dès que le Nègre esclave sera traité d'une manière toute paternelle, et préparé à l'émancipation par les soins *d'une bonne éducation religieuse,* et par une *volonté sage et persévérante* du Gouvernement de la Métropole, ainsi que des Autorités locales dans les colonies, qui agiront sans doute en cela avec zèle, et dans des vues très nobles et élevées.

Tout homme sage et éclairé, ami véritable de la justice et de l'humanité, et qui désire sincèrement le salut de nos colonies et leur prospérité réelle et durable, doit, avant tout, s'occuper ici du choix et de l'application des éléments civilisateurs, des mesures préparatoires, de tout ce qui tient à la *question morale* et à ses heureux succès ; car la *question matérielle* se rattache essentiellement à la première, et lui est entièrement subordonnée pour tous ses effets ultérieurs.

Dans aucune situation de la vie, dans l'œuvre surtout de l'Émancipation des esclaves qui nous préoccupe actuellement, nous ne devons jamais perdre de vue les vérités ni les maximes de l'enseignement évangélique. Jésus-Christ nous ordonne de chercher nos biens spirituels et moraux, avant de chercher les biens matériels ; et il nous déclare en même temps que nous ne pouvons jouir de ces seconds biens, qu'après que nous aurons cherché et acquis les premiers. Voici, sur ce sujet, les propres paroles de Jésus-Christ :

« 24. [1] Nul ne peut servir deux maîtres ; car ou il
« haïra l'un et aimera l'autre, ou il se soumettra à

---

[1] « Nemo potest duobus Dominis servire : aut enim unum odio habebit, aut alterum diliget : aut unum sustinebit, et alterum contemnet. Non potestis Deo servire et mammonæ.

« l'un et méprisera l'autre. Vous ne pouvez servir
« Dieu et les richesses.

« 25. C'est pourquoi je vous dis : Ne vous in-
« quiétez point où vous trouverez de quoi manger
« pour *le soutien de* votre vie, ni d'où vous aurez
« des vêtements pour couvrir votre corps : la vie
« n'est-elle pas plus que la nourriture, et le corps
« plus que le vêtement?

« 26. Considérez les oiseaux du ciel : ils ne sè-

« Ideo dico vobis : non solliciti sitis animæ vestræ quid mandu-
« cetis, neque corpori vestro quid induamini. Nonne anima plus est
« quam esca ; et corpus plus quam vestimentum ?
 « Respicite volatilia cœli, quoniam non serunt, neque metunt,
« neque congregant in horrea : et Pater vester cœlestis pascit illa.
« Nonne vos magis pluris estis illis ?
 « Quis autem vestrum cogitans potest adjicere ad staturam suam
« cubitum unum ?
 « Et de vestimento quid solliciti estis ? considerate lilia agri quo-
« modo crescunt : non laborant neque nent.
 « Dico autem vobis, quoniam nec Salomon in omni gloria sua
« coopertus est sicut unum ex istis.
 « Si autem fænum agri, quod hodie est, et cras in clibanum mit-
« titur, Deus sic vestit : quanto magis vos, modicæ fidei ?
 « Nolite ergo solliciti esse, dicentes : Quid manducabimus, aut
« quid bibemus, aut quo operiemur ?
 « Hæc enim omnia gentes inquirunt. Scit enim Pater vester,
« quia his omnibus indigetis.
 « Quærite ergo primum regnum Dei, et justitiam ejus : et hæc
« omnia adjicientur vobis. » (S. Matth. VI.)

9.

« ment point, ils ne moissonnent point, et ils n'a-
« massent rien dans des greniers ; mais votre Père
« céleste les nourrit : n'êtes-vous pas beaucoup plus
« qu'eux ?

« 27. Et qui est celui d'entre vous qui puisse
« avec tous ses soins ajouter à sa taille *la hauteur*
« *d'*une coudée ?

« 28. Pourquoi aussi vous inquiétez-vous pour
« le vêtement ? Considérez comment croissent les lis
« des champs ; ils ne travaillent point, ils ne filent
« point :

« 29. Et cependant je vous déclare que Salomon
« même dans toute sa gloire n'a jamais été vêtu
« comme l'un d'eux.

« 30. Si donc Dieu a soin de vêtir de cette sorte
« une herbe des champs, qui est aujourd'hui, et qui
« sera demain jetée dans le four, combien *aura-t-il*
« plus *de soin* de vous *vêtir,* ô hommes de peu de
« foi ?

« 31. Ne vous inquiétez donc point, en disant :

« Que mangerons-nous, ou que boirons-nous, ou de
« quoi nous vêtirons-nous ?

« 32. Comme font les païens qui recherchent
« toutes ces choses : car votre Père sait que vous en
« avez besoin.

« 33. Cherchez donc premièrement *le royaume de*
« *Dieu et sa justice, et toutes ces choses vous seront don-*
« *nées par surcroît.* »

RÉSUMÉ.

Nous avons montré rapidement dans le précis historique qui précède, que l'*Esclavage* est contraire au droit naturel, et que la loi divine le réprouve; qu'il a été introduit, dès les premiers temps, dans le genre humain par les vices de l'humanité déchue, par le genre de vie domestique, par la cupidité, par l'abus de la force et du pouvoir.

Nous avons également fait voir, par le témoignage de l'histoire, que la Loi mosaïque, quoique tolérant l'existence de l'esclavage chez les Hébreux, l'avait pourtant adouci et modifié par des ordonnances sages et paternelles ; et enfin, que le Christianisme, qui est le complément et la réalisation des vérités et de toutes les promesses de la Loi ancienne, est venu tout réparer et tout sauver dans le monde, autant pour le bien-être moral de l'homme que pour sa prospérité matérielle; et qu'en appelant tous les hommes FRÈRES et en leur prêchant l'*amour de Dieu et du prochain,* le divin Rédempteur a complétement ABOLI EN PRINCIPE l'Esclavage. Que, dès lors, le Christianisme s'est occupé à réaliser ce même principe et à le consacrer par le fait, et que, pour atteindre ce but, il s'est tracé, dès son apparition sur la terre, une ligne de conduite éminemment prudente et généreuse, telle qu'elle convenait à son génie divin, afin de délivrer le genre humain, graduellement et sans secousses, de cette plaie si profonde de l'*Esclavage*, qui depuis tant de siècles avait envahi et dégradé l'espèce humaine.

De cet exposé des motifs et des faits historiques, qui renferme le principe divin et immuable de *la Charité universelle*, des droits et des devoirs de l'homme, et les éléments de l'ordre et du bien-être général des sociétés naissantes, comme celles des pays à esclaves, nous avons déduit la conséquence (qui en découle naturellement d'elle-même), que l'Émancipation des Noirs de nos colonies, surtout aux temps où nous sommes, au milieu du *dix-neuvième siècle, ne saurait plus être une question.* L'émancipation dans nos colonies est devenue désormais une nécessité comme elle est une justice que réclament également la religion, la civilisation et l'humanité. Et il est dans l'intérêt du maître comme de l'esclave que cette grande œuvre puisse s'accomplir.

Aussi, nous le savons, et nous nous empressons de le dire ici avec bonheur, ce grand projet, cette pensée généreuse et chrétienne de l'Émancipation des Noirs, sont un objet spécial des soins et des sages méditations de la Métropole. Les colonies elles-mêmes sentent maintenant la nécessité inévitable de cette transition à un nouvel ordre de choses dans leur vie sociale et politique; tout ce qu'il y a là d'hommes sages et éclairés et bien comprenant tous leurs intérêts le désirent même beaucoup. Nous les en félicitons du meilleur de notre âme; car c'est en agissant de la sorte, c'est en offrant leur coopération franche et persévérante aux vues nobles et généreuses du Gouvernement de la Métropole dans cette grande œuvre de l'émancipation des esclaves, que les colons agissent dans leur propre intérêt, tout en faisant en même temps l'œuvre de Dieu, de l'humanité, de la justice et de la civilisation.

Ces dispositions favorables de la Métropole et de

ses colonies pour l'émancipation des Noirs, la presse française les a déjà signalées et proclamées avec une noble sympathie. Nous venons de lire encore tout récemment, à cet égard, dans un journal qui s'occupe de nos colonies et désire leur complète prospérité, les paroles suivantes, que nous avons remarquées avec une grande satisfaction.

« Les colonies, dit cette feuille, le Gouvernement,
« les Chambres, sont unanimes pour introduire dans
« le régime des Noirs toutes les améliorations mo-
« rales et matérielles qui seront de nature à les con-
« duire ultérieurement à la liberté, qui est le régime
« définitif de toutes les sociétés humaines[1]. »

Ainsi donc, ce qui doit occuper sur ce sujet, en ce moment, le Gouvernement de la Métropole, la grande et noble tâche qu'il lui reste à remplir à l'égard de l'Émancipation des esclaves dans nos colonies, c'est de fixer sérieusement son attention sur *le mode d'exécution*, sur *le choix et l'emploi des moyens* les plus sûrs et les plus convenables, afin de pouvoir sagement préparer et mener à bonne fin, dans le plus court délai de temps qu'il sera possible, cette grande

---

[1] Le *Globe*, 14 février 1844.

œuvre de l'Abolition de l'Esclavage dans nos pays d'outre-mer. C'est ce qui fera le sujet du Chapitre suivant, qui renferme le but principal de notre ouvrage, et sur lequel nous appelons toute l'attention et les soins paternels du Saint-Siége et du Gouvernement de la France.

PROJET
DE RÉORGANISATION
DU MINISTÈRE RELIGIEUX AUX COLONIES.

I.

DE L'ÉDUCATION RELIGIEUSE AUX COLONIES

DANS LES CIRCONSTANCES ACTUELLES.

> « Les succès de la civilisation introduite
> « par nos religieux missionnaires parmi les
> « peuples sauvages du Nouveau-Monde,
> « ont confirmé sous nos yeux cette vérité,
> « déjà connue de Rome et de la Grèce :
> « *C'est avec la religion*, et non avec des
> « *principes abstraits de la philosophie,*
> « *qu'on civilise les hommes et qu'on fonde*
> « *les empires.* »

Dans les premiers jours de sa vie, l'homme ne sait que souffrir. La nature ne lui apprend qu'à verser des larmes ; elle lui fait sentir la douleur ; lui fait éprouver de cruels besoins, sans lui apprendre à les satisfaire ; elle le laisse impitoyablement dans un état d'ignorance profonde, en butte à toutes les misères, et gémissant au seuil de la vie, où il voit se montrer à ses regards un ciel, une terre, un monde qui sont pour lui, et qu'il ne connaît pas. Il voit s'ouvrir devant lui l'immense carrière de la vie qu'il lui faut parcourir, et dont il ignore cependant les orages et les périls, les voies étroites et sombres....

Cependant nous voyons que chacun des êtres animés dans la nature fut doué de son instinct qui est pour lui sa science et son bonheur dès l'instant qu'il voit le jour, et la sage Providence a pourvu à tous leurs besoins. Ainsi vivent les animaux si nombreux dans le monde. Ils ne sont point trompés dans leurs désirs, ni troublés dans leurs jouissances que la féconde et prévoyante nature offre sans cesse avec amour à leurs besoins de tous les moments. A peine ont-ils vu le jour qu'ils atteignent à leur suprême bonheur.

Voyez autour de nous, sur la face du monde :

Comme tout va bien ! comme tout est beau et parfait dans cette immense famille du règne animal, depuis l'insecte qui rampe jusqu'au colossal éléphant ! Chaque être a son instinct, et sait, de lui-même, satisfaire à ses besoins. Un peu d'herbe suffit à l'agneau timide dans la prairie ; un peu de sang rassasie le tigre au fond des forêts, et nourrit l'aigle tranquille sur le haut des montagnes; quelques brins de fruits, des graines, ou des gouttes de miel coulant du calice d'une fleur suffisent aux désirs des oiseaux dans les champs, et leur doux ramage, dont l'éternelle harmonie résonne avec tant de charme au sommet des collines, sur les troncs du vieux chêne, ou sur la branche bleue d'un olivier en fleur, chante leur parfait bonheur, et la puissance bienfaisante de celui qui leur donna l'existence.

L'homme seul *ne sait rien, ne peut rien*, dans la nature, pour son bonheur, sans éclairer d'abord son esprit, sans former son cœur, sans employer tous les jours de sa vie dans d'incessants et pénibles labeurs pour développer toutes ses facultés.... En un mot, *il ne sait, ni ne peut rien sans l'*ÉDUCATION [1]. Mais Dieu, être infiniment juste et bon, aurait-il donc oublié l'enfant d'Adam, après avoir tant fait pour tous les animaux? Aurait-il oublié l'homme, cet être qui est son chef-d'œuvre et son image, et le plus noble, *par la pensée*, de tous les êtres de l'uni-

---

[1] Et puis encore, avec cela, l'homme a besoin d'un secours surnaturel, que nous appelons la *Grâce* ; celle-ci il peut l'obtenir de Dieu par le moyen des *sacrements*, et par *la prière du cœur*.

vers? Eh! qui oserait calomnier ainsi l'infinie sagesse du Seigneur? Tout ce que Dieu a fait pour l'homme notre raison peut à peine le comprendre, et notre parole ne saurait l'exprimer. Car Dieu a aimé les hommes jusqu'*à livrer pour eux son propre Fils* ... Le Christ est venu, *il a obéi pour nous jusqu'à la mort*[1] *!* Et c'est ainsi que Dieu, infiniment bon a traité l'homme, en lui donnant *deux fois la lumière, deux fois la vie,* et toujours les mêmes marques *de son* AMOUR, *source éternelle de vie et de tous biens.*

L'homme ne sait rien, il est vrai, ni ne peut rien dans son état *brut;* dans l'état de nature, où il n'est entouré que d'épaisses ténèbres, de misères et de pleurs. Mais cependant, plus noble et plus riche que tous les êtres de l'univers, il porte en lui des *germes divins* de perfectibilité, de lumière et de bonheur, car Dieu l'a doué d'une *âme raisonnable, intelligente et immortelle.* Un sage et libre développement de ces facultés morales est donc pour l'homme un besoin, comme il est un devoir sacré que Dieu lui prescrit de remplir, afin de se rendre ainsi digne de ses bienfaits et de son amour.

En effet, quelle est la destinée de l'homme ici-

---

[1] *Christus factus est pro nobis obediens usque ad mortem.*

bas ? quelle fin Dieu s'est-il proposée en lui donnant l'existence ? dans quel but a-t-il pu lui donner ces magnifiques et étonnantes prérogatives de la raison et de l'intelligence ? C'est pour *connaître Dieu, pour aimer Dieu*, et trouver ainsi *son bonheur.*

Or il n'y a qu'une *bonne Éducation* qui, en donnant un juste et sage développement à nos facultés, peut nous apprendre ces choses et nous les faire pratiquer; et cette éducation, le meilleur enseignement et le seul qui peut nous convenir pour bien répondre à tous nos besoins et à nos devoirs, c'est celui-là même que Dieu nous a donné, l'ENSEIGNEMENT ÉVANGÉLIQUE, enseignement aussi nécessaire qu'il est simple et accessible à tous les esprits, aux plus simples comme aux plus élevés, car il dit tout, il explique tout dans ces deux mots :

AIMEZ DIEU, AIMEZ-VOUS TOUS RÉCIPROQUEMENT.

C'est dans ce commandement de la loi de Dieu, qui devient chez l'homme éclairé un sentiment naturel, que se trouve la source unique et véritable du bonheur de l'homme, et de l'ordre social. C'est ainsi que l'apôtre de l'Évangile est autorisé de prédire aux hommes et de leur répéter chaque jour que, dans les cœurs, et dans tous les pays du monde, où couleront *les eaux* de cette *source divine* qu'alimente l'*esprit de Dieu*, règneront infailliblement la vérité, la justice, *une liberté solide et heureuse*[1].

La nature humaine ayant été corrompue dans sa source, par suite de la faute originelle, l'homme porte avec lui, en venant dans ce monde, *une ignorance profonde*, et *une forte inclination vers le mal.* C'est pourquoi il a nécessairement besoin d'être éclairé et de devenir meilleur; c'est pourquoi aussi il doit être LIBRE, afin de développer toutes les facultés de son âme, et de se rendre ainsi bien digne de ses hautes destinées, et du but que Dieu s'est proposé en lui donnant l'existence. Pour éclairer l'homme et le rendre meilleur il faut donc nécessairement, et avant tout, lui apprendre *à connaître et à aimer Dieu.* Car on ne saurait connaître Dieu, l'adorer, ni lui plaire, sans l'aimer, ainsi que l'a si bien dit saint Augustin par ces paroles : « *Nec co-« litur Deus, nisi amando.* » Mais pour cela il faut entrer au fond des cœurs, il faut en avoir la clef, en connaître tous les ressorts et les remuer; il faut persuader et faire vouloir le bien, de manière qu'on le

---

[1] *Ubi spiritus Domini, ibi libertas.* (II. Cor. c. III, § III, 17.)

veuille librement, indépendamment de la crainte servile, et selon l'enseignement de Dieu. Voilà l'*éducation qui fait véritablement l'homme*, parce qu'elle le fait ainsi, digne de Dieu, et digne de lui-même, et qu'elle établit et conserve dans les sociétés humaines une liberté sage, l'équité, l'ordre et la paix. Or toutes ces choses si nobles et si précieuses pour l'humanité c'est l'ÉDUCATION RELIGIEUSE qui peut les faire, et qu'elle fait réellement et avec bonheur partout où elle est appelée à répandre ses germes de vie, et les traits lumineux du génie divin qui l'inspire.

Ainsi donc dans l'œuvre importante qui nous occupe, il est facile de reconnaître cette vérité, dont on ne saurait trop se pénétrer :

« *La solution du problème colonial se trouve tout
« entière dans l'*ÉDUCATION RELIGIEUSE *appliquée aux
« colonies, mais sur une échelle plus large, et dans toutes
« les conditions voulues.* »

Oui, nous n'hésitons point à l'affirmer, parmi tous les moyens que nous avons à employer pour préparer et mener à bonne fin la grande œuvre de l'Émancipation, et en perpétuer les heureux résultats dans nos colonies, nous devons mettre en première ligne l'ÉDUCATION RELIGIEUSE. La puissance du génie civilisateur du Christianisme, et la magnifique histoire de tous ses bienfaits, que, depuis sa naissance sur la terre, il a répandus dans le monde, sont trop connus pour qu'il soit nécessaire d'en faire ici une énumération démonstrative et détaillée, afin de nous rassurer sur les fruits salutaires qui peuvent être attendus de l'éducation religieuse, et que nous nous plaisons à proclamer ainsi, à l'avance, sans crainte d'être démenti.

L'éducation religieuse des Noirs est le moyen le plus sûr, la condition SINÈ QUA NON, pour accomplir avec succès l'œuvre de l'Émancipation des esclaves. Telles sont aussi, nous devons le dire avec une bien grande satisfaction, la conviction des hommes *sages et éclairés* de nos colonies, la pensée bien arrêtée du Gouvernement de la Métropole et de tous nos hommes d'État. Aussi a-t-on déjà mis la main à l'œuvre; depuis une dizaine d'années surtout, la Métropole a déployé dans cette voie un zèle et une générosité réellement remarquables, et dont il nous a été donné de reconnaître toute la pureté, et le but éminemment élevé et bien digne de la France.

Ce zèle et ces soins précieux de la France pour ses

colonies, nous les avons aussi remarqués au sein de la *Commission des affaires coloniales,* qui a été formée sous les auspices du Ministre de la marine. Cette Commission, composée d'un grand nombre de nos hommes d'État, est présidée par M. le duc de Broglie, dont l'âme élevée s'est fait de l'Émancipation des esclaves une étude de prédilection, et l'objet principal de ses travaux et de ses persévérantes et sages méditations, qui nous promettent des résultats bien précieux à cet égard.

Néanmoins, tant de zèle et d'aussi louables efforts de la part de la Métropole ne sauraient suffire pour atteindre le but, si l'ACTION RELIGIEUSE aux colonies *n'est réglée et dirigée autrement qu'elle ne l'a été jusqu'ici.*

En examinant la manière dont notre clergé colonial est organisé, et le mode adopté et suivi jusqu'à ce jour, quant aux moyens de pourvoir aux besoins de sa composition, il a été reconnu, et *il est bien positivement constaté, que sa tâche lui est devenue trop difficile,* nous dirons même *impossible à remplir* comme il le faudrait, surtout dans les circonstances actuelles.

Le système de recrutement et de direction du clergé colonial, qui a été adopté et suivi jusqu'à ce jour, renferme des défectuosités dont nous voulons nous dispenser de donner ici tous les détails, qui sont déjà assez connus. Nous viendrons seulement signaler un fait qui peut faire bien juger du reste. Le voici :

Presque tout le clergé colonial se recrute dans les divers diocèses de France, au lieu d'être formé d'une manière spéciale, à la même source, et pour le même but, sous les yeux d'hommes initiés à la sainte carrière apostolique, et connaissant parfaitement les colonies. Ainsi donc l'on reçoit pour envoyer aux colonies des sujets n'ayant aucune idée des colonies et ne sachant même pas les travaux difficiles auxquels il faut se dévouer entièrement, ni les obstacles si nombreux et de tout genre que l'on a à surmonter dans des pays à esclaves.

Certes, nos Missionnaires ne manquent pas de zèle aux Colonies [1] ; ils sont là, comme ailleurs sur les autres points du Globe, animés du sentiment de

---

[1] Si l'on trouve en cela des *exceptions*, le tort doit en être attribué toujours *à la source, à ce mode funeste de recrutement*, et à sa trop *défectueuse organisation*.

leurs devoirs, et se dévouant à l'œuvre sainte de l'Évangile pour le salut des âmes et pour la civilisation de tous les peuples. Là aussi, comme ailleurs, nos Ouvriers évangéliques payent souvent *de leur vie et de tous leurs biens* l'œuvre du Salut, dans les travaux de l'apostolat. Heureux ceux qui peuvent servir ainsi la cause sainte de l'Abolition de l'Esclavage, pour le salut des âmes et pour la civilisation du monde !

Cependant, il faut le dire : il y a dans l'œuvre de la propagation de l'instruction religieuse aux colonies, *un grand vide, une fâcheuse stagnation.* Cela étant un mal, un grand mal, surtout dans la situation actuelle de la société coloniale, il est nécessaire d'en indiquer d'abord la *cause*, puis le *remède*.

La cause la voici :

Cette *grande stagnation*, qui existe aux colonies, pour la propagation de l'instruction religieuse, a pour cause première et radicale *le mode de recrutement* des missionnaires, ainsi que nous venons de le signaler, et dont *on ne saurait assez déplorer les funestes effets qu'il produit dans nos pauvres colonies depuis bien longtemps.*

En second lieu, c'est parce que le clergé n'y est jamais assez nombreux ; ce qui rend *matériellement impossible* la tâche du missionnaire, qui est immense, pénible et difficile, surtout dans les circonstances actuelles.

Le clergé se compose ordinairement, dans la colonie de la Martinique, de *vingt-six* à *trente* missionnaires, qui occupent les vingt-six paroisses de l'île, en qualité de curés ou de vicaires. Ce personnel est ainsi *minime ;* il peut à peine suffire pour faire le service ordinaire du Saint-Ministère dans l'intérieur des villes et des bourgs de la colonie, dont la population totale s'élève à environ *cent-seize mille* individus libres et esclaves. C'est cependant au loin, dans les campagnes de toute l'île, où se trouvent disséminés environ *soixante-dix mille esclaves*, que l'exercice du Saint-Ministère et *la propagation de l'instruction morale et religieuse* sont, actuellement surtout, d'*une urgente nécessité*.

Le cœur s'attriste et gémit à la vue de ces milliers de Nègres esclaves, *Chrétiens délaissés*, épars dans l'intérieur des campagnes de ces îles lointaines comme des *brebis sans Pasteur !*

Un jour, en voyageant dans l'intérieur de l'île, nous arrivâmes sur les sommets d'un morne fort élevé, qui domine tout autour une grande étendue des terres que cultivent les Nègres esclaves. Attirés par la vue de ce grand tableau qui s'offrait à nos regards, et éprouvant en même temps le besoin de nous délasser un instant des fatigues de la route et des ardeurs du soleil, nous nous arrêtâmes sur cette colline à l'ombre d'une petite forêt de palmistes et de bananiers dont elle était couronnée.

En promenant de là, tout autour, nos regards sur ce grand théâtre, qu'animent et embellissent tant de beautés prodigieuses de la nature et de ses admirables harmonies, dans ces climats où ne pénètrent jamais les frimas de nos hivers d'Europe, nous éprouvions ce que l'on éprouve dans un de ces moments solennels et mystérieux de la vie, où Dieu semble placer de sa main sous les yeux du voyageur attentif un livre ouvert, en lui disant :

« *Lis et médite.* »

Oui, toute notre pensée était recueillie et attentive; elle *lisait*, elle *méditait* : Comme ici tout est beau ! nous disions-nous avec une douce émotion;

comme tous ces êtres créés offrent à nos yeux l'image de l'ordre, de la joie et du bonheur dans ces vastes campagnes où règne un printemps éternel! dans cet horizon si pur et magnifique, où le soleil se lève toujours radieux, toujours riche de sa grande lumière, qu'il répand majestueusement chaque jour comme un fleuve d'or sur la face de ce grand Archipel des mers atlantiques!

Là dans les riches prairies, ou sur les cimes des mornes toujours verts, vont chercher en paix une nourriture abondante de nombreux bestiaux de toutes espèces, et se réjouir librement de tant de biens que leur prodigue la sage et bienfaisante Providence; plus près, dans le bois voisin, le Ramier solitaire se repose sur le lit d'un épais feuillage, paisible et immobile comme l'oiseau que créa le pinceau du grand peintre de l'Italie. Ici, sur le palmier qui nous couvre de son ombre salutaire, voltige content et léger sur ses ailes d'iris, au bord des calices d'argent des lianes, comme le souffle caressant du zéphyr, le *Colibri*, ce rubis vivant de la nature, que la plume élégante du Père Dutertre a appelé une *fleur céleste*; plus loin, sur la branche de l'oranger, couronné de ses pommes d'or, le Rossignol fait entendre ses chants mélodieux, il chante sa joie et les louanges de celui qui l'a fait.

Toute cette nature si pleine de vie et de bonheur, et magnifiquement parée comme la jeune fiancée au jour de l'hymen sacré, retraçait à notre pensée une bien vive image de l'infinie bonté du Créateur, qui a tiré du néant tous les êtres pour *les rendre heureux*, et afin que *tous les êtres, à leur tour, lui adressent sans cesse l'hymne de leurs louanges*, de leur amour, et de leur éternelle gratitude.

Ainsi absorbée dans la douce contemplation de ce ravissant spectacle, de cette heureuse et magnifique nature, notre âme remplie d'admiration et de joie bénissait le Seigneur, auteur de ces grandes choses, de tant de biens dont il a couvert la face du monde.

Mais quelle est notre douleur lorsqu'après avoir contemplé toutes ces magnificences de la nature, et *le bonheur dont jouissent sans cesse et librement tous les êtres qu'elle renferme,* **nos regards tombent sur des** *essaims de Nègres esclaves* que nous voyions au loin tout autour de nous parsemés sur ces terres brûlantes qu'ils vont féconder, chaque jour, à l'aide de leur sang et de leur sueur ! Comment ? Tout ici est si bien ; tous les êtres dans ces lieux sont contents, pleins de vie et de bonheur.... Et l'HOMME SEUL !....

l'homme, *roi de la nature,* pour qui tant de biens furent créés, à qui les plus hautes destinées sont promises.... Lui seul est dans ces lieux ESCLAVE, triste et malheureux ! toujours courbé vers la terre, toujours le front dans la poussière.... Déshérité de ses droits, ignorant tous ses devoirs ! Les voilà, nous disait ce spectacle, ce sont des *Nègres esclaves....* orphelins délaissés, troupeaux de brebis sans pasteur, vivant de la vie de la brute, ou plutôt ils ne vivent pas, car leur âme n'agit point, elle n'est point *libre,* elle est *esclave,* elle est *morte,* avant même de mourir !.... Et pourtant ces esclaves, ce sont des CHRÉTIENS ! Ils ont besoin de lumières, de vertus, d'une liberté sage et digne de leur titre auguste de chrétiens et d'enfants de Dieu pour qui la vie leur fut donnée.

Que cette moisson est grande, nous disions-nous, qu'elle est belle ! Mais où sont les ouvriers ? quand viendra la lumière ? quand, sur cette terre des malheurs, apparaîtront les jours du salut ?....

Nous quittâmes ces lieux, le cœur triste et abattu par ces réflexions si vraies, si poignantes, en nous répétant au fond de l'âme ces mêmes paroles du Sauveur du Monde :

« *Messis quidem multa, operarii autem pauci[1].* »

« La moisson est grande, mais il y a peu d'ouvriers. »

Oh! oui, c'est bien ici le cas de le dire bien plus qu'ailleurs, et maintenant plus que jamais : *La moisson est grande,* oui, *bien grande!* car il y a ici d'*épaisses ténèbres à dissiper, des chaînes à dénouer, des liens nouveaux à former, toute une société à régénérer, et à introduire dans une Ère nouvelle, devenue désormais* INÉVITABLE, et qui déjà s'avance vers nous, et malgré tous les obstacles que l'on oserait opposer à sa marche dans les voies d'un avenir prochain.

Pendant notre séjour dans la colonie nous avons fait tous nos efforts, afin de pouvoir y augmenter le Clergé, et avoir un nombre de missionnaires assez considérable pour organiser la propagation de l'instruction religieuse sur une échelle plus large, et de manière à atteindre toutes les populations esclaves dans les nombreuses habitations de l'intérieur de l'île. Le Gouvernement et la colonie nous prêtèrent généreusement en cela leur appui. Nous fîmes pour

---

[1] Matth. C. IX, § v, 37.

cet objet important toutes les demandes et les démarches qu'il nous fut possible ; mais, il faut le dire, vainement toujours. L'on trouva, comme on y trouve encore toujours là debout le même écueil, le même obstacle permanent, nous voulons dire encore *ce mode de recrutement* qui est établi à la Métropole pour les Missions de nos colonies des deux Indes.

Le clergé de la colonie ne put donc nullement être augmenté, et l'on dut se résigner tristement à attendre.... à toujours attendre.... car on y attend encore !

Cette population immense de plus de *soixante-dix mille* esclaves de la colonie reste, en plus grande partie, dans son état d'ignorance et d'abrutissement. La lumière de l'Évangile n'y vient pas encore pénétrer dans l'esprit de ces enfants de la Foi; le feu sacré de la Charité ne va pas encore sur leurs demeures dans l'intérieur de l'île réchauffer, relever leurs cœurs meurtris, abattus. La religion qui peut tout, qui doit tout faire pour ces milliers d'esclaves, est là cependant sur ces plages, à quelques pas seulement de distance, et elle ne vient pas encore jusqu'à eux dans les campagnes.... et elle ne peut point y venir.... *operarii pauci*; les ouvriers lui manquent. A peine si elle peut y apparaître, au dernier instant de leur vie, quand *la carrière est terminée*, quand *tout est fini et qu'elle n'y peut plus rien*.... Seulement une larme de sa douleur maternelle tombe alors sur le front glacé de cet Enfant qu'elle avait jadis béni dans l'onde sacrée du baptême ; *elle pleure, et ne veut se consoler, parce que son enfant n'est plus* !

Ici se présente à notre pensée une réflexion bien sérieuse, et digne des plus graves méditations. La voici :

Tous les Esclaves dans nos colonies sont *chrétiens catholiques*, ainsi que tous les Colons ; nous n'en avons point connu à la Martinique appartenant à un autre Culte. Les maîtres envoient exactement tous les enfants esclaves, dès les premiers jours de leur naissance, à l'église de la paroisse pour les faire baptiser. Cet acte essentiel de religion est une pratique générale dans nos colonies, où elle est suivie soigneusement. Personne d'ailleurs n'oserait y mettre obstacle, ni la moindre négligence ; car *tous les Nègres* (chose consolante et bien digne de remarque !) *tiennent essentiellement à faire baptiser leurs enfants* ; quoique esclaves eux-mêmes et enfants naturels, ils ne sauraient souffrir qu'il y eût parmi eux *un Nègre non baptisé.* Les Nègres trouvent là sans doute, dans ces baumes sacrés de la religion, un motif d'adoucissement à tous leurs maux de l'esclavage. Ne trouvant point l'équité parmi les hommes, ils cherchent ainsi un refuge sous la main de Dieu, qui est infiniment juste et bon, et *le Père commun de tous les hommes.*

Ainsi donc la religion a reçu dans ses bras, au seuil de la vie de ce monde, tous ces enfants de la population Nègre avec le même amour et la même profusion de ses dons magnifiques, qu'elle reçoit ceux de tous les autres peuples de la terre. En versant *sur lui l'onde mystérieuse du baptême,* la religion donne à cet enfant nègre LA ROBE D'INNOCENCE, et, selon l'expression de l'Apôtre, elle LE REVÊT DE JÉSUS-CHRIST. Sur sa tête, qu'elle vient de bénir, elle place avec amour la TRIPLE COURONNE de la *Foi,* de la *Charité,* et de l'immortelle *Espérance.*

Déjà la Religion suspend autour de lui les blanches couronnes de la vertu, et les fleurs odorantes, symbole de l'amour divin, comme les lianes des forêts qui décorent de leurs guirlandes parfumées la tige du jeune palmier, qui croît et s'élève majestueusement vers les cieux.

Après avoir ainsi purifié ce Néophyte, après l'avoir comblé de ses grâces, enrichi de ses trésors immortels, la Religion, ouvrant devant lui les portes du Ciel, lui dit :

« Enfant de Dieu, voilà ta Patrie. La vertu est son
« chemin. L'Évangile sera ton guide et ta lumière.
« Il faut aimer Dieu et lui obéir avant toutes choses.
« Tu aimeras ton prochain, car *tous les hommes sont*
« *frères*. Enfant des Cieux, sois béni ! »

Déjà une mère chrétienne, qui tient sur ses bras le jeune néophyte, a recueilli avidement ces paroles sacrées ; car bientôt elle devra les lui répéter dans ces jeunes ans, quand viendront se peindre dans ses paroles les premiers reflets de lumière de sa Raison naissante.

Eh bien ! cet enfant ainsi fait, ainsi marqué du sceau du chrétien, enrichi de tant de dons célestes, retourne à l'instant même *au désert !* On le remet dans son berceau, qui est *entouré de chaînes*[1] ; et ces chaînes, *il lui* faudra *les porter toute sa vie !*.... Et d'en-

---

[1] L'esclavage est par lui-même *une chaîne*.

fant de Dieu qu'il est, appelé aux plus hautes espérances, il lui faut *redevenir esclave*, rester esclave. Il lui faut être déshérité de tout, descendre bas.... bien bas, jusque près la condition de la brute, et comme la brute traîner sur la terre une existence toute matérielle, sans but et sans espoir ; une existence qui *n'est point la vie*, car l'*esclavage*, quelque modéré et quelqu'adouci qu'il soit, c'est toujours l'*esclavage*, qui est véritablement une MORT MORALE.

Ainsi cet enfant chrétien [1], devant lequel venaient de s'ouvrir *les portes du Ciel*.... est jeté aussitôt dans un *Abîme* que nous appelons *esclavage*, et que la fureur des passions humaines osa creuser sur la terre.

---

[1] D'après les principes immuables d'équité de la religion, *la liberté est un droit imprescriptible du Chrétien*. L'histoire nous dit que « le Colon protestant, convaincu de cette vérité, afin d'ar-
« ranger sa cupidité et sa conscience, ne baptisait ses Nègres qu'à
« l'article de la mort; souvent même, dans la crainte qu'ils ne re-
« vinssent de leur maladie, et qu'ils ne réclamassent ensuite,
« comme *Chrétiens*, leur liberté, il les laissait mourir dans l'idolâ-
« trie [1]. » C'est bien ici le cas d'emprunter au grand poëte d'Auguste ces paroles si pleines d'énergie et de vérité :

.... *Quid non mortalia pectora cogis,*
AURI SACRA FAMES [2]!
« Que n'ose-t-elle pas dans le cœur des mortels,
« DE L'OR LA SOIF AFFREUSE! . . . .

[1] *Hist. des Antilles*. T. II. pag. 503.
[2] *Énéide*, liv. III.

Aujourd'hui plus que jamais le Gouvernement anglais lui-même reconnaît la nécessité de propager l'instruction religieuse dans ses colonies et d'y multiplier les églises comme le seul moyen efficace pour contenir et civiliser ces milliers de Nègres qu'elle a déjà émancipés en 1840. Le Gouvernement français, plus sage et plus prudent en cela que l'Angleterre, a fait mieux qu'elle. Il veut d'abord affermir et propager par tous les moyens convenables l'instruction religieuse et morale des esclaves; il veut préparer l'Émancipation et en assurer d'avance les bons résultats avant de l'accomplir.

C'est dans ce but que parut l'Ordonnance royale du 5 janvier 1840; que des sommes furent votées par les Chambres, et destinées à augmenter le personnel du clergé colonial et à ériger des chapelles, afin de propager l'instruction religieuse et en recueillir tous les fruits, que réclament les besoins actuels. Il était digne des Législateurs d'un grand peuple, de la Nation *très chrétienne* de remplir ainsi la mission la plus noble et la plus sublime, en procurant d'une manière si généreuse et paternelle à ses peuples esclaves d'outre-mer, qu'elle veut affranchir, ces grands moyens de civilisation et de prospérité à venir pour toutes les classes de la société coloniale. Mais malheureusement toutes ces grandes et bonnes choses, établies et prescrites par la Métropole, sont restées jusqu'ici presque *totalement sans exécution*, et sans produire les effets satisfaisants que l'on a droit d'en attendre, sous le double rapport religieux et social.

D'après nos observations et nos calculs, nous avions pensé qu'il fallait nécessairement, dans la situation actuelle, *augmenter de moitié* le clergé, et qu'il fallait surtout un clergé formé *ad hoc*, pour pouvoir donner toute l'extension nécessaire à la propagation de l'instruction religieuse dans tous les quartiers de l'île, et en recueillir tous les fruits qu'on a besoin et le droit d'en attendre dans les circonstances actuelles.

Cependant il faut l'avouer : malgré tous ces motifs, malgré le zèle et les soins généreux du Gouvernement, malgré les vœux et les louables efforts des colonies elles-mêmes, et toutes nos sollicitudes sur cet objet, *ce grand défaut de recrutement persiste, cet état de pénurie dans le clergé colonial a continué, comme il continue à rester toujours le même, toujours stationnaire, dans une espèce de paralysie, et tenant toutes choses dans un état apathique et dans un pénible et complet découragement*. Aussi voit-on le mouvement de la propagation de l'instruction religieuse dans la colonie, NUL, OU PRESQUE NUL, en comparaison de ce qu'il devrait être dans la situation actuelle.

Nous croyons pouvoir également assurer, d'après les données positives que nous tenons de personnes de distinction et connaissant fort bien la situation religieuse de ces pays, qu'il en est de même dans nos autres colonies de la Guadeloupe, de Bourbon et de Cayenne. Voici ce que nous lisons sur cet objet dans des notes officielles d'un missionnaire apostolique de nos colonies, dont nous apprécions beaucoup le mérite :

« Le Gouvernement de la Métropole, comme on le
« sait, n'a rien épargné pour affermir et propager
« dans toutes ses colonies l'*instruction religieuse*, seul
« moyen efficace pour moraliser les Nègres et les
« bien préparer au bienfait de l'Émancipation. Mais,
« osons *le* dire, *l'instruction religieuse et morale des*
« *esclaves*, si fortement recommandée par les ordon-
« nances royales et les prescriptions ministérielles,
« si impérieusement prescrite, surtout par les di-
« vins préceptes de l'Évangile, EST NULLE *à la Gua-*
« *deloupe*. La tâche est immense et de la plus haute

« importance; mais jusqu'à ce jour *elle y est encore*
« *à faire*[1] !

Le mal, comme on le voit, est donc grand, et il est tout entier *dans la nature du système de recrutement et d'organisation,* qui a été adopté et suivi jusqu'à ce jour, pour les missions de nos colonies. Le remède ne peut, en conséquence, se trouver que *dans un* CHANGEMENT COMPLET DE CE MÊME SYSTÈME, de la manière que nous allons le proposer, et qui seul nous semble pouvoir parfaitement convenir à cet effet, sous tous les rapports.

---

[1] Cette note est datée de la Guadeloupe, du 10 octobre 1841. Ce même fait nous a été également constaté par d'autres données non moins positives.

II.

DU BESOIN DE L'ADOPTION
D'UN ORDRE RELIGIEUX
POUR LES MISSIONS DE NOS COLONIES DES DEUX INDES.

> « Nous ne nous piquons point du don de pro-
> « phétie; mais on se peut tenir assuré, et l'expé-
> « rience le prouvera, que jamais des Savants
> « dépêchés aux pays lointains avec les instru-
> « ments et les plans d'une Académie, ne feront
> « ce qu'*un pauvre Moine, parti à pied de son*
> « *couvent, exécute seul avec son chapelet et son*
> « *bréviaire.* » (Châteaubriand.)

Il résulte des motifs qui précèdent qu'une organisation nouvelle du clergé colonial est devenue aussi urgente qu'elle est nécessaire.

Depuis long-temps ce besoin de réorganisation religieuse aux colonies est fortement senti et vivement désiré par tout homme éclairé et consciencieux, connaissant bien ces pays, et désirant franchement et sincèrement les glorieux succès de la religion et des vues élevées de la Métropole, aussi bien que la régénération et le véritable bien-être de la société coloniale, que *le droit sacré de l'égalité morale,* et *les circonstances* appellent impérieusement à entrer dans une *Ère nouvelle.*

Cette réorganisation religieuse est devenue désormais d'une nécessité urgente pour les colonies. En l'adoptant pour base, et comme moyen d'action dans l'œuvre de l'émancipation des Noirs et de la régénération complète de la société coloniale, le Gouvernement de la Métropole ferait un acte de haute sagesse, dont les résultats seraient infailliblement des plus précieux, sous tous les rapports. Pour cela le temps presse, et le moment ne saurait être mieux choisi pour y donner suite, et en recueillir tous les fruits.

Ce que nous venons donc proposer ici c'est *l'adoption d'un* Ordre religieux *pour diriger et alimenter nos Missions des colonies.*

Il va sans dire que cet Ordre serait bien connu et bien apprécié en France, et légalement autorisé par le Gouvernement de la métropole.

Ce projet présente, selon nous, des avantages

immenses sous tous les rapports, et son exécution nous paraît bien facile.

Nous aurions, en adoptant ce projet :

1° *Un Corps religieux de missionnaires*, fortement trempé dans l'esprit évangélique, et régulièrement organisé ;

2° Un personnel aussi nombreux que l'exigent la situation actuelle des colonies, l'importance et l'augmentation des travaux du ministère apostolique ;

3° Des sujets formés à la même source et pour le même but.

Il y aurait aussi dans *ce nouveau plan du ministère religieux*, aux colonies, *unité* réelle et complète, aussi bien dans la pensée que dans les œuvres, ce qui fait en toutes choses *la force* et assure le succès. Car nous savons qu'un Ordre de missionnaires *religieux*, qu'inspire et vivifie le véritable esprit évangélique, est, en réalité, *une famille*. Il y a là *unité d'esprit et d'action* ; un lien sacré et invariable de sainte et complète obéissance, conduisant tous ses membres dans la même voie et vers le même but, un noble désintéressement, un dévouement à toute épreuve pour faire le bien.

C'est tout cela, ce sont toutes ces conditions si précieuses que nous offre l'adoption d'un Ordre religieux pour l'œuvre qui nous occupe, et qui seul peut, selon nous, en assurer facilement, et de la manière la plus satisfaisante, les heureux résultats.

« Les Religieux missionnaires, dit un auteur chrétien, sont les compagnons du pauvre. Pauvres comme lui, ils ont pour compagnons les entrailles de Jésus-Christ. Les haillons, la paille, les plaies, les chaînes, les cachots ne leur inspirent ni dégoûts, ni répugnance; la charité en a parfumé l'indigence et le malheur. Le prêtre catholique est le successeur des douze hommes du peuple qui prêchèrent Jésus-Christ ressuscité; il bénit le corps du mendiant expiré, comme la dépouille sacrée d'un être aimé de Dieu, et ressuscité à l'éternelle vie. »

Ainsi, entièrement et sagement dévoués à cette grande œuvre, nos Religieux missionnaires sauront accorder la vérité et la prudence de leur parole avec la raison et l'humanité. Amis sincères et désintéressés, ils sauront aussi rendre facilement les Maîtres plus équitables, et les Esclaves plus vertueux. Ils serviront ainsi noblement la cause de la religion et du genre humain, sans nuire à la patrie, sans bouleverser L'ORDRE et LES PROPRIÉTÉS ; *ces deux grandes choses* ne seront, au contraire, que créées ou consolidées par des mains si habiles et si pures. L'expérience nous a toujours montré que, dans les plus belles causes, le Savant [1], avec *de grands mots*, ne fait rien ou beaucoup de mal; avec les *humbles œuvres de la charité*, un pauvre Moine missionnaire civilise les peuples et fonde de nouveaux royaumes.

Les Pères *Lazaristes,* dont le zèle et les vertus apostoliques sont bien connus, eussent pu répondre dignement à nos vœux, pour l'objet qui nous occupe; mais cet Ordre religieux ne se trouvant avoir qu'un personnel fort restreint, et pouvant à peine subvenir à ses missions déjà établies sur divers points du globe, nous ne pourrions espérer d'en avoir pour nos colonies. Il en est, à peu près, de même de la maison religieuse de *Picpus*, et de celle des *Missions étrangères*, où la pénurie dans le personnel se fait également sentir en tout temps.

Mais voici une source nouvelle, et non moins pré-

---

[1] Voir la lettre U à la fin du volume.

cieuse, qui nous vient, pour ainsi dire, *directement* en aide, et que la divine Providence semble avoir créée particulièrement pour notre œuvre. Nous voulons parler de l'*Ordre religieux des Pères de la Société de Marie*, autrement dit *des Pères Maristes*.

Cet Ordre a été fondé en France, il y a vingt-huit ans. Il est reconnu et approuvé depuis sept ans par le Souverain Pontife. Ce même Ordre, bien que connu et estimé par le Gouvernement de France, n'en a cependant pas encore été régulièrement autorisé. Mais nous croyons pouvoir assurer, d'après les données positives que nous avons sur cet objet, que les Supérieurs de cet Ordre seraient pour cela dans de fort bonnes dispositions, si le Gouvernement leur faisait connaître son désir de les utiliser pour nos Missions coloniales.

Ce nouveau système pour les missions de nos colonies a cela de remarquable :

En nous offrant toutes les conditions désirables, et les meilleures garanties possibles, il serait aussi *peu coûteux*. Les *dépenses* n'en seraient point considérables, et bien certainement *fort au-dessous* de celles que le Gouvernement et les colonies sont obligés de s'imposer pour le *système actuel* de recrutement de nos missions coloniales, qui est cependant *bien loin de remplir aucune des conditions voulues,* pour cette œuvre si grande et si difficile de la régénération sociale des populations de nos colonies.

Avec le système actuel, la Métropole a, aux colonies, un clergé séculier, auquel elle se trouve obligée de faire une pension de retraite ; car il est juste que des Ouvriers Évangéliques qui ont été consacrer leur zèle et les meilleures années de leur vie aux travaux du saint ministère dans une mission aussi pénible qu'elle est utile sous tous les rapports, puissent en revenant en Europe, par suite de maladies contractées dans ces climats dévorants du Tropique, ou courbés sous le poids des années, trouver une existence honorable au sein de la Mère-Patrie. Sans doute la France, équitable et généreuse, ne le voudrait pas autrement. Mais dès le moment que le Gouvernement aurait un Ordre religieux dans les missions de ses colonies, ces dépenses qui y étaient d'abord nécessaires pour faire des pensions de retraite au clergé colonial, cesseraient entièrement ; car un Ordre religieux, tel qu'il est organisé, n'a besoin d'aucune pension de retraite, et n'en demanderait certainement pas. Le Gouvernement n'aurait ainsi qu'à fournir quelques pensions de retraite aux membres du clergé actuel des colonies, à mesure qu'il en rentrerait en France par cause de maladies graves, ou d'un âge fort avancé ; ils y seraient ainsi remplacés successivement, dans un ordre régulier de temps, de justice et de convenance par les missionnaires de l'Ordre religieux de la Société de Marie qui finiraient par occuper insensiblement et d'une manière complète, dans quelques années, les missions des colonies. Cet avantage, comme on le voit, est encore bien grand pour les finances de la Métropole, et mérite aussi d'être compté au nombre des autres avantages que nous offre l'adoption de l'Ordre religieux que nous proposons pour les missions de nos colonies.

Les règles et statuts de cette Association des Pères Maristes sont fort simples, dictés par un esprit de sagesse et de véritable piété, et appropriés aux besoins et aux progrès de notre siècle. Le but principal de l'Institut est de former de bons missionnaires, selon le véritable esprit évangélique, et de les envoyer partout où il y a du bien à faire, principalement dans les pays lointains où la religion a plus de besoins à satisfaire, plus d'obstacles et de difficultés à surmonter pour répandre tous ses bienfaits. Ils out déjà une mission dans l'Océanie, où ils font beaucoup de bien.

Leur personnel se compose de trois branches ayant chacune ses occupations spéciales, mais étant toutes trois unies par le même lien et sous la même loi de leur Ordre.

Ces trois branches de l'Ordre sont :

Les Pères missionnaires ;
Les Frères catéchistes ;
Les Frères laïques.

1° *Les Pères missionnaires* sont chargés de tout ce qui concerne le saint ministère ; ils administrent les saints sacrements, visitent les malades, et vont prêcher la parole sainte de l'Évangile dans les villes et les campagnes, partout où ils sont envoyés, et où les appelle leur ministère apostolique.

2° *Les Frères catéchistes* sont spécialement destinés à enseigner le catéchisme aux enfants, et apprennent à toutes les classes du peuple qui en ont besoin tous les principes élémentaires de l'Éducation religieuse, d'une manière fort simple et appropriée aux divers degrés d'intelligence des personnes.

3° *Les Frères laïques* : ceux-ci font uniquement le service intérieur de leur maison de la communauté ; ils suivent cependant tous la même règle de leur ORDRE.

Cet Ordre religieux ainsi fait, se trouve avoir précisément dans son sein tous les éléments les meilleurs possibles et appropriés à tous les besoins divers de nos populations coloniales. L'on dirait vraiment qu'un tel Ordre religieux aurait été formé tout exprès et de la manière la plus intelligente pour les missions de nos colonies.

Leur Maison-Mère est établie à Lyon. Ils viennent aussi d'en élever une à Paris, où monseigneur l'Archevêque leur a fait un paternel accueil, et les encourage dans leurs pieux efforts. Cet Ordre religieux se distingue surtout :

Par son esprit d'humilité et de simplicité chrétiennes ; par son désintéressement, par son ZÈLE *et son* DÉVOUEMENT *réellement* APOSTOLIQUES ; *vivant entièrement* étranger *aux luttes et aux opinions politiques*, *il n'a des paroles et des actions que pour travailler dans l'œuvre sainte de l'Apostolat, à la plus grande gloire de Dieu, pour le salut des âmes, pour la paix et le bien-être de tous les hommes.*

Les prodiges de zèle et de piété que firent toujours nos *Religieux-missionnaires* [1] dans ces pays du Nouveau-Monde, pour tirer les indigènes de la vie sauvage et de l'oppression, pour en faire des hommes libres et véritablement chrétiens, nous assurent, à l'avance, de tout le bien que feront les Pères Maristes dans nos colonies, qui déjà sont en voie d'amélioration morale, et ont grand besoin désormais *de marcher dans cette voie d'une manière progressive et avec une sage persévérance.* Dieu y poursuit son œuvre, et il faut que l'œuvre de Dieu s'accomplisse.

Nous ne devons et ne pouvons considérer la découverte du Nouveau-Monde que comme l'œuvre de Dieu, dont les secrets nous sont impénétrables. « Gardez-vous bien de croire, dit l'illustre prélat de « Cambray, que cette prodigieuse découverte du « Nouveau-Monde ne soit due qu'au génie et à l'au-

---

[1] Voir la lettre R à la fin du volume.

« dace des hommes. Dieu ne donne à la force de
« l'esprit humain que ce qu'il lui faut pour être
« l'instrument de ses desseins ; ainsi *l'homme s'agite*
« et *Dieu le mène*. La Foi plantée en Amérique, parmi
« tant d'orages des passions humaines, ne cesse de
« porter ses fruits ; » sa grande lumière s'y accroît
chaque jour, et le temps n'en est pas loin, sans
doute, où nous verrons toute cette terre du Nouveau-Monde, jadis si opprimée et si malheureuse, devenir *un peuple de frères*, une *société libre et heureuse* sous l'empire de la Charité évangélique et du génie bienfaisant de la civilisation européenne.

Notre Saint-Père le pape Grégoire XVI qui, à l'exemple de ses prédécesseurs, a, dans ses Lettres apostoliques de l'année 1839, si sagement et si vivement exprimé son désir de voir enfin l'*abolition totale de la traite des Noirs* et l'*Émancipation des esclaves* s'accomplir, particulièrement dans tous les pays chrétiens, verra sans doute avec une sainte joie et une bien grande satisfaction la réalisation du projet que nous venons de proposer pour l'adoption de l'Ordre religieux des Pères de la Société de Marie dans nos Missions coloniales. Car c'est là une œuvre éminemment chrétienne et civilisatrice, et le moyen le plus sûr comme le plus convenable pour opérer la régénération complète et heureuse de nos pays d'outre-mer.

Oui, le Père commun des fidèles verra avec joie se réaliser ce grand projet qui nous occupe, ainsi que tous ses précieux résultats. Le zèle et l'autorité du Vicaire de Jésus-Christ nous viendront puissamment en aide dans notre œuvre; car « c'est de la
« Chaire principale, dit Fénelon, c'est du centre de
« l'unité chrétienne que sortent les rayons de la
« Foi la plus pure et féconde pour percer les ténè-
« bres de l'ignorance et de l'erreur, pour rendre les
« hommes équitables et heureux dans tous les pays
« du monde. »—« *Allez donc*, dira-t-il le Pontife Suprême à ces nouveaux apôtres que nous appelons à cette grande œuvre dans nos colonies, *allez, anges prompts et légers; que sous vos pas les montagnes descendent, que les vallées se comblent, que toute chair voie le salut de Dieu!* »

Ce projet d'une nouvelle organisation du clergé colonial que nous venons de proposer nous paraît être d'une grave importance, et de nature à fixer l'attention du Gouvernement du roi. Il offre les meilleures garanties possibles pour l'avenir de nos colonies. Son adoption est facile; il est d'une opportunité remarquable dans la situation actuelle où se trouvent nos populations coloniales, qui ont confiance dans la Mère-Patrie et accueilleront avec joie et reconnaissance tous ses bienfaits et les moyens de salut qu'elle se hâtera de leur envoyer [1].

Oui, les populations esclaves de nos colonies connaissent les dispositions et les intentions paternelles du Gouvernement de la Métropole à leur égard. Elles se réjouissent à l'avance des projets qu'il médite pour améliorer leur sort, en les tirant de l'esclavage pour les admettre dans une juste et complète jouissance de leurs droits d'hommes et de leur dignité de chrétiens. Depuis longtemps les Nègres attendent chaque jour l'accomplissement de leur vœu unanime, *le bienfait de l'Émancipation*. Et ce vœu devient désormais en eux de plus en plus ardent, par le spectacle si séduisant qu'offre à leurs

---

[1] Le clergé actuel des colonies n'aura nullement à s'inquiéter de l'admission de cet Ordre religieux à partager ses travaux apostoliques. De la manière que nous tracerons le *plan de cette nouvelle organisation* des Missions de nos colonies, on pourra fort bien s'entendre et concilier toutes choses. L'on atteindra ainsi le but avec un heureux succès ; nous en avons l'intime conviction.

Nous nous proposons de donner en détail ce *plan d'une nouvelle organisation* du clergé colonial dans un tableau synoptique, que l'on trouvera à la fin de ce volume, immédiatement après les Notes.

regards, depuis quatre ans, l'Émancipation déjà faite et entièrement consommée dans les îles de la Grande-Bretagne, qui entourent nos colonies dans l'Océan Atlantique.

Aussi, grand nombre des esclaves de nos Antilles ont-ils souvent cherché à gagner, à travers mille dangers, la rive étrangère pour embrasser le SOL DE LA LIBERTÉ. Ces tentatives d'évasion se sont bien des fois répétées ; et si nos îles, dans ces contrées, n'étaient environnées d'*un cordon d'une garde vigilante de nos soldats*, comme elles le sont constamment, il est certain que les ateliers des Nègres n'auraient point tardé à être considérablement dépeuplés par ces évasions.

Il y a dans ces tentatives d'évasion, si audacieuses et bravant tous les dangers, quelque chose d'étonnant et de bien digne de graves réflexions :

L'on sait quels sont les attraits et la force de l'*amour du lieu natal*, et de l'*amour de la patrie*. Cet instinct est naturel ; il se trouve profondément gravé dans tous les cœurs ; il est fortement senti aussi bien par l'homme civilisé que par le sauvage. L'on a remarqué en effet qu'un sauvage tient plus à sa hutte et à ses sombres forêts, qu'un roi à ses palais et à ses villes magnifiques. L'habitant des montagnes trouve autant de charmes sur ses sommets glacés du mont Saint-Gothard, que le berger du Bas-Valais dans la plaine fleurie, et sur les verts tapis des bords de ses lacs d'argent. Jamais un montagnard de l'Écosse ne changerait ses coteaux escarpés et solitaires contre les riants jardins et les parcs magnifiques de Windsor.

Loin de sa tribu chérie le sauvage en conserve le souvenir; partout il parle des lieux de sa naissance, partout il redemande ses troupeaux, ses forêts et les nuages de son pays. Avec quelle ardeur il aspire à revoir le foyer paternel et son toit de vieux chaume! Comme il visitera avec joie le hêtre solitaire où fut suspendu son berceau, et les chères reliques de son indigence!

Le Nègre aussi a comme tous les hommes *cet instinct, ce vif amour de son pays* qui l'a vu naître; il aime, lui aussi, la terre où il a bâti sa case, où il planta son bananier; il chérit les fruits de son jardin, ces sentiers solitaires et ces hauts mornes où il vit le jour. Eh bien! chose étonnante! tout cela, *cet instinct de la nature, cet amour du pays natal,* si vifs, si victorieux sur toutes choses, *fléchissent*, *s'éclipsent et s'éteignent totalement* en présence du sentiment et DE L'AMOUR DE LA LIBERTÉ! et, tant que ce sentiment n'est point justement satisfait, tant que cet *amour de la liberté* n'a point triomphé, le cœur de l'*homme esclave* lutte dans de cruelles étreintes..., et cette lutte n'a de trêve et de fin qu'*au jour où lui apparaît sa liberté*, ou sur *les bords de la tombe* !.....

Mais rien en cela ne doit nous étonner. Dieu a fait l'homme *libre*, parce qu'il l'a doué de raison ; il l'a fait *libre*, et *il veut qu'il soit libre* parce que c'est par *sa liberté* et par *sa volonté* que l'homme peut MÉRITER ; s'il ne pouvait point *mériter*, l'homme serait *déchu de sa dignité et l'égal de la brute.*

Ainsi donc l'homme doit à la volonté et aux desseins de Dieu, il se doit à lui-même et à sa destinée d'*être* LIBRE ; car c'est ainsi, et *seulement ainsi qu'il peut* MÉRITER, remplir le but de son existence sur la terre, et se rendre par là DIGNE DE DIEU ET DE LUI-MÊME.

Oui, Dieu est seul Seigneur souverain et *Maître absolu* de l'homme, lui seul a le droit de disposer à son gré de son existence, de tous ses biens, et n'en doit compte à personne; car c'est lui qui a fait l'homme et lui a tout donné, comme l'a si bien dit l'apôtre saint Paul par ces paroles : « *Quid habes* « *quod non accepisti? et si accepisti, quid gloriaris* « *quasi non acceperis?* O homme, qu'as-tu que tu ne « l'aies reçu de Dieu? et si tu as tout reçu, pour- « quoi t'en glorifier, *et disposer injustement et à ton* « *gré* de toutes choses, comme si tu n'avais rien « reçu? »

Dieu étant infiniment parfait, il est aussi infiniment juste, puisque la justice entre essentiellement dans la perfection infinie. Il se doit donc à lui-même tout ce qu'il fait, car lui seul est le Créateur et le Maître absolu de tout, et ne relâche aucun de ses droits. Aussi il se nomme lui-même le *Dieu jaloux*[1]. La jalousie, qui est un défaut dans l'homme, est la justice suprême en Dieu; c'est pourquoi il dit : « Je « ne donnerai point ma gloire à un autre[2]. »

« Dieu, dit Fénelon[3], se doit tout, se rend tout ; « tout vient de lui, il faut que tout retourne à lui ;

---

[1] Exod. XX, 5; XXXIV, 14.
[2] Gloriam meam alteri ne dabo. Is. XLVIII, 11.
[3] Lettre sur la Religion.

« autrement l'ordre serait violé. Nous reconnais-
« sons que l'Être infiniment puissant et parfait a tiré
« les hommes du néant; nous devons reconnaître
« également que cet Être (Dieu) les a créés pour lui.
« Dieu n'a pu agir sans aucune fin, ni d'une façon
« aveugle, où sa sagesse n'aurait aucune part. S'il
« agissait pour une fin moins haute que lui, il abais-
« serait son action au-dessous de celle de tout
« homme vertueux qui agit pour l'Être suprême :
« ce serait le comble de l'absurdité. Il faut donc
« nécessairement conclure que Dieu fait tout pour
« lui-même, et qu'en créant des *Êtres intelligents,* il
« a voulu que ces Êtres puissent *développer leur in-*
« *telligence* et l'employer, conjointement à leur *vo-*
« *lonté libre,* à le connaître, l'aimer, lui obéir, et *à*
« *le servir lui seul avant tout*[1].

« Otez, ajoute encore le même écrivain sacré, ôtez
« à Dieu ce *droit absolu* et *souverain;* à l'homme, ce
« *devoir,* sa *liberté,* et toute la vie humaine est ren-
« versée, et il n'y a plus aucune marque de sagesse
« dans Dieu, plus aucune trace d'ordre dans la pen-
« sée humaine, ni dans la société. »

---

[1] Voir la lettre T à la fin du volume.

Dieu a dit aux hommes :

« Vous craindrez le Seigneur votre Dieu; et *vous
« ne servirez que lui seul*[1]. »

Ainsi donc celui d'entre nous qui fait de l'HOMME
une *chose, sa propriété,* son ESCLAVE.... savez-vous
bien ce qu'il fait? *Il renverse l'ordre, il foule ses devoirs les plus sacrés, il brise tous les droits, il abroge la
Loi divine....* IL SE MET A LA PLACE DE DIEU !.... Et
comme Dieu, l'homme ose dire à l'homme son semblable :

« TU NE SERVIRAS QUE MOI SEUL[2]. »

Ici, comme on le voit, le *mal est assez grand*, il
parle assez haut par lui-même, et nous n'avons pas
besoin d'en faire ressortir toute la gravité par d'autres réflexions.

---

[1] Dominum Deum timebis; et *illi soli servies.* (Deut. c. VI,
§ II, 13).

[2] Il se trouve, sans doute, quelquefois des maîtres qui accordent
à leurs esclaves la permission de pouvoir s'occuper aussi un peu de
Dieu, et leur donnent même pour cela quelques moyens, comme
nous l'avons déjà dit plus haut. Mais cela est rare ; et c'est si peu de
chose, que le mal reste, au fond, toujours trop grand, toujours le
même... . Car *c'est toujours l'esclavage !*

Qu'elle est donc sainte l'œuvre de l'Abolition de l'esclavage dans tous les peuples! qu'elle est glorieuse devant Dieu et devant les hommes! Que ceux qui viendront se dévouer à cette œuvre, et la feront triompher sur la terre, soient donc loués.... que leurs noms soient à jamais bénis!....

Jamais cause ne fut plus belle; jamais entreprise ne fut plus digne du zèle évangélique, et d'enflammer les cœurs du saint amour de la vérité et de la vertu, de Dieu et de l'humanité!

III.

CONCLUSION.

Par cela seul qu'il y a l'esclavage, qui, par sa nature, n'est bon ni pour le maître ni pour l'esclave, la Société coloniale est dans un état *contre nature*, dans une position permanente de gêne, et de cruelle alternative pour son avenir. Cette situation fâcheuse est évidemment par trop nuisible aux intérêts moraux et matériels de ces pays. Elle ne saurait durer encore longtemps. Cela réclame toute l'attention, et tous les soins généreux de la Métropole.

Et puis ce précepte de la loi divine, cette voix puissante et souveraine de la Religion et de l'Ilumanité qui disent aux hommes : « *Vous êtes tous frères ;* » et qui, depuis trois siècles, ne cessent de retentir sur ces rives de nos pays à esclaves, au-delà des mers, ne parlent-ils pas avec assez d'équité, assez énergiquement au cœur et à l'esprit, à la justice et à la raison, pour que la France se hâte de fixer sérieusement ses regards maternels vers ce sombre horizon politique de nos deux Indes, et de préparer soigneusement à tant de maux le remède convenable ?

Depuis longtemps le mouvement social de l'Europe a abordé nos contrées transatlantiques ; il s'y accroît et s'identifie paisiblement chaque jour sur cette terre nouvelle, que vivifie et féconde le Christianisme en lui préparant une ère nouvelle de prospérité générale et complète, bien digne de son divin génie, et selon ses promesses ; car il l'a dit : « Venez à moi, vous tous qui souffrez, et qui êtes chargés, et je vous soulagerai…. Et vous trouverez le repos de vos âmes [1]. » Il est dans l'intérêt du maître comme dans celui de l'esclave de favoriser

---

[1] « *Venite ad me omnes qui laboratis et onerati estis, et ego reficiam vos…. Et invenietis requiem animabus vestris.* » (S. Matth. c. XI, § VI, 28, 29.)

ce mouvement salutaire et rapide. Aucun obstacle, d'ailleurs ne saurait l'arrêter ; il ne pourrait, au contraire, qu'en rendre le cours plus impétueux et funeste. Quelle main pourrait faire remonter le fleuve rapide vers sa source sur le flanc des montagnes ? Et quand l'astre du jour monte à l'horizon, oserait-on vouloir l'arrêter, ou retenir devant sa face flamboyante les ténèbres de la nuit ?.... Le mouvement du progrès social et de la vérité chrétienne prend sa source dans les célestes régions ; l'impulsion qui lui est imprimée est permanente et divine, et aucune force humaine ne saurait l'arrêter. Nous pouvons dire, dans un certain sens, de ce mouvement progressif de la vérité chrétienne et de la civilisation, ce qu'un de nos plus célèbres poëtes disait du grand conquérant Alexandre :

> « C'est un torrent qui passe, et dont la violence
> « *Sur tout ce qui l'arrête* exerce sa puissance. »

Dans cet état de choses les diverses classes des personnes dans nos colonies sont en présence ; elles s'observent d'un œil inquiet et sombre. Leurs droits et leurs intérêts se croisent et se repoussent sans cesse. De là malaise, détresse, la crainte et le danger pour le salut commun.

Il y a pourtant, au milieu de cette situation, confiance dans les soins de la Mère-Patrie, espérance d'un avenir meilleur et prochain. Et c'est par ce motif que nous trouvons de la résignation et du calme au sein des populations esclaves. Mais ce calme et cette résignation nous devons savoir les mettre à profit, tandis qu'il en est encore temps, en préparant à l'avance toutes choses ; il serait par trop imprudent de s'abuser là-dessus, et de s'endormir avec une sécurité indolente dans l'attente de l'Émancipation des esclaves d'une manière *indéfinie*. Ce ne serait ni sage ni équitable dans une situation aussi pressante, sous tous les rapports.

D'après ce court exposé des motifs que nous venons de tracer rapidement dans ce dernier Chapitre, nous croyons avoir suffisamment et clairement démontré que l'élément le meilleur et le plus sûr pour mener à bonne fin cette œuvre éminemment chrétienne et humanitaire de l'Émancipation des Noirs est, sans contredit, *l'action religieuse*. Oui, l'éducation religieuse, encouragée et soutenue par la sagesse métropolitaine, et dirigée par *un* ORDRE RELIGIEUX DE MISSIONNAIRES *pourra seule*, nous nous hâtons encore de le répéter, *accomplir avec succès la régénération sociale de nos colonies, et leur assurer un heureux et solide avenir*. L'Ordre des Pères missionnaires de la Société de Marie, que nous venons de désigner pour les Missions de nos Colonies, nous semble réunir à cet effet toutes les conditions désirables. Nous avons l'intime conviction que l'adoption de ce projet par le Gouvernement serait *un des plus heureux événements* pour nos pays d'outre-mer qui en recueilleraient des fruits abondants et bien précieux, qu'ils cherchent depuis longtemps vainement ailleurs, et dont ils ont un si urgent besoin dans leur situation actuelle.

Afin de bien compléter la réorganisation de l'éducation religieuse aux Colonies, et d'en assurer tout le succès désirable, il est également nécessaire :

1° De construire sur divers points dans les Colonies un nombre de Chapelles assez considérable, où l'on puisse réunir régulièrement, et aussi souvent que cela pourra convenir, tous les Nègres de l'intérieur des campagnes; car vouloir les faire venir dans les églises éloignées de leurs paroisses ce serait chose trop difficile et présentant de graves inconvénients.

Déjà la sagesse de la Métropole avait senti la nécessité de la construction de nouvelles chapelles dans l'intérieur des Colonies pour la propagation de l'éducation religieuse, et des fonds assez considérables ont été même votés à cet effet par les Chambres, il n'y a pas longtemps. Mais jusqu'ici aucune suite n'y a été donnée.

2° Les écoles chrétiennes primaires et publiques ne sont pas moins essentielles pour la propagation de l'instruction morale et religieuse de la population des affranchis, et des esclaves particulièrement[1]. C'est là un moyen bien sûr et précieux pour bien élever toute cette génération nouvelle qui va recueillir les bienfaits de la liberté au sein de la société coloniale.

Cet important objet des écoles chrétiennes aux colonies sera fort bien rempli par les frères de l'Institut de Ploërmel[2] que le Gouvernement a déjà envoyés, il y a quelques années, aux Colonies. En

---

[1] Voir la lettre V à la fin du volume.
[2] Tous les membres de cet Institut sont des *Frères laïques*, comme les *Frères Ignorantins*. Ce sont ces derniers que nous avions demandés en 1834, pour établir des écoles chrétiennes dans nos Colonies. Mais il fut répondu par le supérieur de cet Institut, à Paris, qu'il lui était impossible d'accepter cette proposition n'ayant pas pour cela assez de sujets.

1841, nous avons visité ces écoles chrétiennes des Frères à la Martinique et à la Guadeloupe. Elles sont très bien suivies par les enfants des affranchis et de quelques esclaves, qui font des progrès réellement étonnants dans l'instruction morale et religieuse sous la direction de ces bons Frères.

Ces Frères de Ploërmel sont aux Colonies en trop petit nombre. Il en faudrait aux moins deux ou trois dans chaque paroisse de la Colonie.

Les mêmes soins doivent être donnés également pour l'éducation chrétienne des filles, dans toutes nos populations coloniales, par des Religieuses [1].

Enfin, pour opérer ce changement si important du système de recrutement et de nouvelle organisation du clergé colonial, le temps nous paraît arrivé. Le moment nous semble d'autant plus opportun, que le département de la Marine et des Colonies se trouve avoir actuellement à sa tête un de nos premiers amiraux, dont la haute capacité et les vues nobles et élevées sont bien connues, et honorent à un si haut degré la marine française. La Religion et

---

[1] Voir la lettre X à la fin du volume

la Société coloniale ont en lui un appréciateur éclairé, un digne protecteur. Toutes deux elles attendent beaucoup de lui, et elles ne seront point trompées dans leur attente.

Monsieur l'amiral-ministre de Mackau saura sans doute former, dans son passage au ministère de la marine, des sources nouvelles d'amélioration pour tout ce qui regarde le ministère religieux et ses heureux succès, selon les besoins actuels de la Société coloniale. Ce sera pour lui et pour la France une nouvelle gloire, dont la Religion, et la civilisation de notre siècle se plairont à perpétuer le souvenir.

Ainsi donc, nous en avons la confiance, sera préparé l'avenir de nos Colonies; ainsi leurs destinées seront fixées, et le grand problème colonial heureusement résolu. Et quand le terme sera venu, quand l'œuvre sera accomplie, *le jour qui apportera le bienfait de la liberté* dans nos pays d'outre-mer sera également salué avec joie.... également béni!... par les Maîtres et les Esclaves, ou plutôt par tout un peuple chrétien, où il n'y aura plus *ni maîtres ni esclaves*, mais une grande et *unique famille*, une société de frères et de citoyens français que lient ensemble une religion d'amour, et les saintes lois de la justice et de l'humanité sur une terre désormais complétement bénite, et où doivent régner toujours et pour tous *une liberté sage, une paix solide avec la prospérité agricole et industrielle.*

Ce jour, où sera consommé par la France l'Émancipation de ses populations esclaves d'outre-mer, sera pour elle un grand jour de triomphe ; ce sera une des conquêtes les plus glorieuses que son immortelle histoire redira avec une grande joie à la postérité.

Après plusieurs années d'études et de travaux, que nous avons passées dans nos Colonies des Antilles, chef d'une partie de leurs Missions apostoliques, nous avons éprouvé le besoin de faire connaître en détail leur situation sous le triple rapport religieux, social et matériel, et d'indiquer en même temps les moyens que nous avons cru devoir être essentiellement employés et mis à exécution sans retard dans les circonstances actuelles, afin d'opérer parmi nos Français d'outre-mer tout le bien que réclame leur situation, et de prévenir les maux dont ils seraient autrement menacés.

Depuis longtemps l'œuvre sainte de la régénération

sociale de nos Colonies et de leur bien spirituel sont l'objet constant de nos veilles et de nos méditations. Nous avons fait et ne cesserons de faire nos efforts, afin de contribuer à l'heureux succès de l'Émancipation pour qu'elle soit dans son accomplissement un véritable bienfait pour les maîtres et les esclaves, et également profitable à tous.

Le sujet que nous venons de traiter aussi brièvement et aussi clairement qu'il nous a été possible est, comme on le voit, de la plus haute gravité. Aussi avons-nous essayé de mettre, à côté de notre dévouement à nos devoirs, le degré de modération et de sagesse qui convenait. Nous n'avons pourtant rien dissimulé. Nous avons parlé dans cet écrit avec toute la franchise et la sincérité qui nous sont naturelles, et que nous prescrivait le caractère sacré dont nous sommes revêtu.

Nous avons la confiance que nos paroles seront accueillies avec bienveillance, et qu'elles seront pour nos Colonies aussi utiles qu'elles sont vraies, et seulement inspirées par l'amour du bien, par les sentiments de la DIVINE CHARITÉ, qui est l'âme du monde, la vie de l'homme, le lien sacré, l'heureuse et sainte harmonie de toutes les sociétés humaines.

Encore un mot avant de finir.

Nous voulons donner aux Colons de nos deux Indes un conseil. Il est bon ; il ne peut que leur être utile sous tous les rapports. Nous désirons bien sincèrement qu'ils sachent l'apprécier, qu'ils le suivent avec empressement, car c'est bien dans leur intérêt comme dans celui des esclaves que nous leur parlons.

L'on sait qu'en répondant au projet de l'Émancipation, proposé il n'y a pas bien longtemps par la Métropole, des Maîtres d'Esclaves, organes officiels du pays, avaient dit, dans les Colonies :

L'Émancipation est IMPOSSIBLE.

Cette opinion que l'on s'était hâté d'émettre aux Colonies, dans un moment de crainte et d'effervescence, était aussi imprudente qu'irréfléchie. Ceux qui l'avaient dit avaient cru sans doute trouver en cela un moyen de salut. Ils se trompaient. Vouloir ainsi renfermer éternellement l'esclavage dans un cercle plein de périls et sans issue, c'eût été plutôt un motif certain de perdition.

Voici ce qu'une plume savante et équitable écrivait, en Europe, il n'y a pas longtemps, en parlant de l'Émancipation des Esclaves de nos Colonies :

« Ne désespérons point de la race nègre, de cette portion malheureuse de l'humanité que la nature n'a pu répudier de la civilisation par une condamnation éternelle.

« Le Nègre, tel qu'il est dans son état d'abrutissement, ne nous paraît point notre égal ; mais pourquoi de plus heureuses circonstances pour son état social et *ses moyens d'éducation* n'allumeraient-ils pas chez lui le flambeau de la vie intellectuelle et politique, jusqu'au degré de lumières et de félicité auquel l'espèce humaine peut prétendre ?

« Ne déshéritons aucun membre de la grande famille de ses hautes espérances. Tendons aux faibles une main protectrice pour les élever à un rang supérieur dans l'échelle de la perfectibilité, au lieu de les opprimer, de les délaisser dans une situation dégradante et sans remède. Indépendamment *du bien moral*, qui est véritablement *la vie* de l'homme, la liberté donne aussi le bien-être matériel.

« Par leurs communes lumières et leurs mutuels

services, tous les peuples *libres* de la terre échangent les productions intellectuelles et morales, celles de la nature et de leur industrie. Ils forment entre eux de nouveaux liens sous les auspices de lois sages et équitables, ils multiplient les gages de leur amitié, au lieu de s'opprimer par des injustices et de cruels déchirements qui perpétuent les vives querelles, les haines sourdes, et éternisent ces motifs de luttes civiles et ces malheurs de tout genre qui accablent l'humanité dans tous les peuples où existe l'*Esclavage*. »

Oui, c'est ainsi que les vrais amis du salut des Colonies, de la justice et de la vérité leur diront franchement que l'*Émancipation est possible*, et tellement possible, qu'elle est même désormais INÉVITABLE.

Mais peut-être, cependant, y a-t-il encore des esprits imprudents, aveuglés par la crainte ou par de vains préjugés, qui s'obstinent à rester dans cette voie de vaine et dangereuse opposition contre l'*Émancipation des Esclaves*.

Ici nous voulons dire aux Maîtres des esclaves toute notre pensée avec franchise, et avec toute la liberté dont nous autorise notre caractère d'apôtre de Jésus-Christ. Nous sommes sûrs d'avance que nos paroles suivantes seront bien entendues par eux, bien méditées, accueillies avec confiance et empressement. Car ces paroles nous sont dictées par le sentiment intime de la vérité et de l'équité; elles ne peuvent qu'être écoutées avec gratitude par des âmes généreuses, par tout homme qui porte un cœur chrétien et vraiment français.

Nous leur dirons donc :

Vous tous qui habitez nos Colonies, au-delà des mers, et vous, Maîtres qui avez des esclaves, écoutez notre voix; c'est la voix d'un ami qui vous aime, qui vous est sincèrement dévoué dans vos malheurs et dans vos périls. Quoique de loin, il pense à vous, il veille toujours sur vous tous. Écoutez-la cette voix, elle ne vous trompera pas :

— Les temps ont changé. Un nouvel avenir s'ouvre devant vous. Une transformation sociale s'opère actuellement au milieu de vous. Vous entrez dans une Ère nouvelle; c'est une ère de régénération et digne de vos vœux. Ce passage est pénible, difficile.... mais il est *inévitable*. Appuyez-vous avec une entière confiance sur la religion; elle doit vous conduire à bon port. Avancez dans cette voie ; hâtez-vous, marchez-y sagement et avec une noble persévérance ; la raison, l'humanité, votre honneur, votre propre intérêt vous y engagent et vous l'ordonnent. Puis, Dieu le veut ! car cela est *juste*, et cela seul *peut assurer votre véritable bonheur* [1].

Tous nous devons nous redire souvent, et vous particulièrement dans votre situation actuelle, ces paroles si pleines de sagesse d'un de nos plus illustres Écrivains :

« Tout compté, il ne reste dans la vie qu'une
« chose, *la Religion*. C'est elle qui donne l'*ordre* et la
« *liberté* au monde, et après cette vie une vie meil-
« leure. »

Ainsi donc, non seulement vous ne devez aucunement vous opposer à cette œuvre de l'Émancipation de vos esclaves, non seulement vous devez y prêter votre aide et une bonne volonté pour en préparer les voies, de concert avec l'action religieuse et celle de la Métropole ; mais vous devez faire plus, et bien plus encore que cela :

[1] Voir la lettre Y à la fin du volume.

Vous-mêmes, les premiers, demandez généreusement, sincèrement l'émancipation de vos esclaves [1].

Avec de sages mesures, oui, avec toutes les conditions convenables (elles vous seront facilement accordées), mais *demandez vous-même* l'Émancipation, *et demandez-la franchement, efficacement et sans crainte.* Mettez-vous comme nous à l'œuvre, entourez-la de tous vos soins cette belle œuvre de l'Émancipation, travaillez-y avec une volonté persévérante et sincère. Jamais occasion plus propice et brillante, jamais œuvre plus belle ne se présentèrent devant vous, ni vous promirent autant de gloire, autant de sécurité, un si honorable et heureux avenir. Vos Esclaves, ainsi affranchis par vous-mêmes, seront constamment pour vous *des amis fidèles, des enfants reconnaissants, des citoyens paisibles et utiles au sein de la commune patrie.*

Ainsi nos Colonies deviendront *un vrai pays de France*, ses provinces les plus florissantes et heu-

---

[1] « Dieu, dit l'Apôtre, aime ceux qui font le bien *avec joie, et de leur propre volonté* ; il n'oubliera jamais votre libéralité ; car Dieu est puissant pour vous combler de toute grâce, et de tous les biens dont vous avez besoin pour votre subsistance. » Hilarem enim datorem diligit Deus. Potens est autem Deus omnem gratiam abundare facere in vobis, semper omnem sufficientiam habentes. » (Cor. c. IX, § 1, 7, 8.)

reuses au-delà des mers ; et une œuvre si grande, si glorieuse, *sera principalement votre œuvre !*

Alors l'histoire de la Mère-Patrie dira avec orgueil aux générations à venir :

Les colons français de mes pays d'outre-mer demandèrent et proclamèrent généreusement, au xixe siècle, l'abolition de l'esclavage.

Voilà, certes, de quoi noblement expier tant de faits désastreux, tant d'actions déplorables des temps passés de nos aïeux aux Colonies ; voilà de quoi couvrir ces mêmes pays, qui nous sont si chers, de grandes et de véritables richesses, d'une gloire qui ne saurait périr jamais.

Puis nous dirons, en finissant, à la France, avec les sentiments de la plus haute confiance que nous inspirent ses nobles sympathies pour une si belle et si sainte cause :

— Veillons soigneusement autour du berceau de la France coloniale. Là aussi la religion a des âmes à éclairer, à sauver ; là aussi la Métropole a des *enfants à élever*, à rendre *libres et heureux*. Oui, prodiguons nos soins à la France coloniale ; elle est faible et entourée de périls; ses regards sont tournés vers nous, comme ceux du matelot fixant, du milieu du vaste Océan, l'étoile qui doit le conduire au port dans sa course orageuse et rapide; protégeons ses vœux et sa prospérité; préparons son avenir.

Guidons son enfance dans cette route épineuse de transition des jours mauvais aux jours sereins de la sagesse et de la délivrance. Entourons sa marche, encore chancelante et faible, des saintes lumières de la religion, de tous les soins de nos lois équitables et protectrices. Jusqu'ici nos pays d'outre-mer n'ont été que des *colonies*, des *peuples-enfants*, faibles et relégués par delà l'Océan, en butte à de cruelles alternatives, à de bien grandes souffrances..... et sous le poids écrasant de l'ESCLAVAGE, qui est une MORT MORALE pour les hommes et les sociétés où il se trouve établi sur la terre. Mais bientôt ces *peuples-enfants* de la France seront parvenus à l'âge de majorité, et la seule nourriture, le seul régime qui pourront lui convenir seront ceux de la grande famille. Bientôt les Français de nos Colonies viendront réclamer paisiblement et avec confiance à la Mère-Patrie leur admission à une complète et équitable jouissance de leurs droits civils et politiques. Bientôt aussi ils pourront demander que leurs Députés viennent les représenter d'une manière directe et officielle au sein de la Métropole, et siéger dans nos Chambres législatives. Fiers d'appartenir à la Grande Nation, leur Mère-Patrie, ils viendront exprimer leur vœu unanime pour que nos Colonies deviennent complétement comme autant de *départements de la France*, et être ainsi incorporées à l'Unité nationale.

Alors enfin, nos Colonies, ainsi régénérées, seront régies par les mêmes lois, groupées sous la même égide tutélaire de la France, comme elles le sont déjà sous le sceptre de la Religion, qui les nourrit tous également comme nous, avec amour, à ses sources divines, où *il n'y a pas acception des personnes*, et où Dieu a placé toutes lumières, toutes vertus, la paix et le salut de tous les peuples.

Nous avons terminé.

En déposant en ce moment la plume, à la fin de ce travail, nous éprouvons la satisfaction d'avoir rempli *un devoir sacré*, comme complément nécessaire *de l'importante mission qui nous avait été confiée* pour les Colonies, et que nous avons essayé de remplir le plus dignement qu'il nous a été possible pendant tout le temps que la volonté divine et nos forces physiques nous ont permis de rester dans les climats de ces pays lointains de l'Amérique.

Cet Ouvrage que nous livrons au public avec confiance n'a pour but et n'ambitionne d'autre gloire que de *pouvoir être utile*, principalement dans *cette grande et sainte cause de l'*Abolition *de l'*Esclavage, qui nous occupe, et qui intéresse également, à un si haut degré, le Christianisme et la Civilisation, la gloire de la France et le salut de nos Colonies.

Avant de mettre au jour ce travail, nous l'avons médité longuement, et dans toute la sincérité de notre âme. Nous l'avons écrit avec calme, et tel que nous l'ont dicté la Religion, l'amour du bien, les purs sentiments de la vérité et de notre conscience.

Puisse la divine Providence bénir ces efforts d'une voix faible, mais *fidèle*, et *sincèrement dévouée* au bien de l'humanité, à l'œuvre sainte de l'Évangile de Jésus-Christ !

FIN.

TABLEAU SYNOPTIQUE
D'UN PLAN
DE RÉORGANISATION DU MINISTÈRE RELIGIEUX
DANS LES COLONIES.

Après avoir démontré dans cet Ouvrage, qui précède, l'urgente nécessité d'une organisation nouvelle du ministère religieux dans les Colonies; après avoir désigné, à cet effet, l'Ordre religieux des Pères Maristes, comme le meilleur moyen et le plus efficace pour satisfaire à tous les besoins que présente la Société coloniale dans les circonstances actuelles, pour préparer l'œuvre de l'Émancipation des esclaves, et en assurer les heureux résultats, il nous reste à indiquer la marche à suivre sur cet objet.

Avant de substituer complétement le nouveau système, que nous proposons, à l'état actuel des choses de nos Missions des Colonies, il convient d'agir d'abord en détail, et de manière à ce qu'il n'y ait en cela rien de brusque ni d'injuste pour les personnes ou pour les choses.

Dans les œuvres grandes et difficiles, le meilleur moyen de réussir est celui d'être droit, d'une fermeté persévérante et de ne jamais rien précipiter, il faut, comme nous le dit judicieusement un spirituel auteur, *se hâter lentement*. C'est cette marche d'une *lente vitesse*, ferme, équitable qu'il convient de suivre dans cette œuvre importante de nouvelle organisation des Missions de nos Colonies.

Avant de parler de l'introduction préliminaire du nouveau système dans nos Missions coloniales, il est juste que nous nous occupions du Clergé actuel des Colonies, et que l'on songe d'abord à le rassurer pour sa situation présente et pour son avenir.

Voici, selon nous, le plan qu'il conviendrait d'adopter en substituant à l'ancien système de recrutement et d'organisation du Clergé colonial, celui d'envoyer aux Missions de nos Colonies *l'Ordre religieux* des *Pères Missionnaires de Marie*.

DE L'AVENIR

DU CLERGÉ ACTUEL DES COLONIES

DANS CETTE NOUVELLE ORGANISATION.

I.

Nous pensons qu'il conviendrait de fixer les dispositions suivantes à l'égard du Clergé actuel des Colonies, dans cette nouvelle organisation :

1° Le Clergé actuel des Colonies n'aurait à subir aucun dérangement dans ce mouvement de réorganisation de nos Missions coloniales. Tous ses membres qui le composent dans les Colonies conserveraient leur position actuelle en restant à leur poste avec leurs titres et avec les mêmes émoluments.

2° Les membres du Clergé actuel des Colonies qui

seraient obligés de quitter ces pays, pour cause de maladie grave, ou d'un âge fort avancé qui ne leur permettrait point d'y continuer l'exercice du saint ministère, seraient admis, à leur retour en Europe, à une pension de retraite convenable.

3° A mesure que des places, dans les Paroisses, devieduraient vacantes, par suite de décès ou de départ de quelques membres du Clergé actuel des Colonies [1], elles seraient immédiatement occupées par les Missionnaires des Pères Maristes, dans l'ordre et la forme hiérarchiques voulus.

[1] Le Clergé actuel des colonies verra bien certainement avec plaisir l'adoption de ce nouveau système pour nos Missions coloniales, de la manière que nous venons de l'indiquer. Car il trouvera dans les Pères Maristes de nombreux et excellents auxiliaires dans ses travaux apostoliques. Puis il serait assuré ainsi d'avoir, à son retour en Europe, une existence convenable, après avoir terminé ses services aux Colonies.

ORGANISATION PRÉLIMINAIRE

DE L'ORDRE DES PÈRES MARISTES

DANS LES MISSIONS DE NOS COLONIES.

II.

1.º Le premier envoi que l'on ferait des Pères Maristes aux Colonies serait de six Pères Missionnaires et douze Catéchistes pour une Colonie.

2º A leur arrivée dans la Colonie, ces dix-huit Religieux missionnaires seraient installés dans une Paroisse d'une ville, où il y aurait un presbytère assez vaste pour leur servir de maison centrale de leur Mission.

A la Martinique ce premier envoi des Religieux missionnaires pourrait fort bien s'installer à l'ancienne Église des Ursulines, dans la ville de Saint-Pierre. Cette église n'étant pas occupée, on en ferait une nouvelle Paroisse.

Trois de ces Pères Missionnaires seraient occupés au service intérieur de la Paroisse ; les trois autres avec les douze Catéchistes seraient destinés à la propagation de l'éducation religieuse pour la population des esclaves et des nouveaux affranchis dans les campagnes.

Ainsi ferait son introduction ce nouveau système d'organisation de nos Missions coloniales.

Ce nombre de dix-huit Religieux missionnaires que nous proposons pour une Colonie est, sans doute, trop insuffisant pour pouvoir tout embrasser dans ses travaux, pour une population d'une Colonie de quarante à cinquante mille individus libres, et de plus de soixante-dix mille esclaves. Mais ce ne pourrait être autrement pour le commencement.

2° Le personnel des Pères Maristes aux Colonies serait augmenté chaque année, et à mesure qu'il y aurait des places vacantes par suite de décès ou de départ de quelques membres du Clergé actuel des Colonies.

DISPOSITIONS TRANSITOIRES.

III.

Un Supérieur de l'Ordre des Pères Maristes accompagnerait aux Antilles le premier envoi que l'on y ferait des Pères Missionnaires. Ce même Supérieur, après avoir installé dans la Colonie sa nouvelle maison où il laisserait un autre Supérieur, irait faire un voyage d'exploration dans nos Colonies de la Martinique, de la Guadeloupe, de la Guyane, de Gorée et du Sénégal, afin de voir ces pays de bien près et en détail, et d'y étudier soigneusement les personnes et les choses. Il convient de pouvoir ainsi connaître les voies où l'on doit marcher, et bien apprécier le but vers lequel il faut sagement diriger tous ses soins, pour obtenir tous les bons résultats que la Religion et la France se proposent dans cette œuvre sainte de l'Émancipation des esclaves et de la régénération complète de la Société coloniale.

Nous pensons que dans l'espace d'un an ce voyage serait complétement et utilement terminé dans les Colonies que nous venons d'indiquer. Cet Ordre religieux donnerait les mêmes soins dans nos Indes orientales, à l'île Bourbon, après avoir effectué son établissement aux Antilles et à la Guyane.

Après avoir terminé son voyage aux Antilles et à la Guyane ce même Supérieur des Pères Maristes se rendrait directement en France. Il ferait un rapport fort détaillé de son voyage qu'il présenterait au Saint Siége et au Ministère de la marine, avec lesquels il aurait désormais des relations directes et officielles, toujours dans les meilleurs termes, et dans un esprit de paix et de conciliation pour le bon succès de nos Missions des deux Indes.

Ce même Supérieur prendrait, à son retour en France, la direction de la maison de son Ordre, qui serait établi à Paris. C'est dans cette maison que l'on préparerait sous sa direction, et par les meilleurs soins possibles, tous les sujets qui devront être envoyés dans nos Missions des Antilles, de Bourbon, de la Guyane, de Gorée et du Sénégal.

DISPOSITIONS SPÉCIALES.

IV.

Le pouvoir spirituel, aux Colonies, serait confié à des Préfets apostoliques, qui seraient pris dans l'Ordre des Pères Maristes, ou ailleurs, selon que le Saint-Siége et le Gouvernement de France le jugeraient convenable.

L'Ordre religieux des Pères Maristes s'engagerait à envoyer aux Missions de nos Colonies des deux Indes, le nombre de Missionnaires qui serait jugé nécessaire, en temps et lieu, et selon que l'exigeraient les besoins de ces mêmes Missions.

Il est bien entendu que tous les Missionnaires que les Pères Maristes enverraient aux Colonies seraient des membres de leur Ordre, et spécialement initiés à ce genre de travaux des Missions coloniales.

Le Gouvernement de la Métropole fournirait aux Pères Maristes des allocations convenables et une maison assez vaste, à Paris, où ils puissent s'installer et établir leur cours d'études pour former leurs Missionnaires.

Il y a dans la Colonie de la Martinique vingt-sept Paroisses, ayant chacune son église et un presbytère.

Dans les deux villes de Fort-Royal et de Saint-Pierre, il y a trois Paroisses. Il y aurait dans chacune de ces trois Paroisses trois Missionnaires, et trois également au grand bourg du Lamentin.

Dans presque toutes les autres Paroisses, qui sont des bourgs ou villages, il y aurait deux Missionnaires.

Il y aurait, en dehors de ce nombre, cinq Missionnaires de supplément, pour qu'il n'y ait jamais de vide dans le service ordinaire, en cas de décès, de maladie, ou de départ de quelques Missionnaires.

Le personnel du Clergé à la Martinique s'élèverait ainsi au nombre de cinquante-cinq, que nous croyons être suffisant pour la propagation régulière et complète de l'instruction religieuse dans tous les quartiers de la Colonie.

Ce nombre de Missionnaires que nous fixons à *cinquante-cinq* pour la Martinique, ne paraîtra certainement pas trop grand, si l'on pense qu'il y a dans cette Colonie une population de *cent seize mille* individus, parmi lesquels l'on compte environ *soixante-dix mille* Esclaves dont la majeure partie restent sur les habitations de l'intérieur de l'île, où les Missionnaires seront obligés de se rendre régulièrement, le jour et aux heures qui seront fixés, pour faire aux nouveaux affranchis, et particulièrement aux Esclaves, l'instruction religieuse.

Le traitement des Religieux missionnaires serait fixé à mille francs [1]. Cette réduction du traitement pourra se faire sans inconvénients pour les Pères Maristes ; vivant tous sous une même règle, et dans le régime de communauté, leur dépense ordinaire est fort modeste. Ce traitement de mille francs, avec leur casuel des Paroisses, leur fournira largement leur nécessaire. Ils n'en demanderont point davantage dans les Colonies.

Nous allons résumer tous ces détails dans le tableau suivant.

[1] Le traitement actuel du Clergé colonial est de 2,000 fr.

Indication des paroisses de la Colonie de la Martinique, et du nombre de Missionnaires nécessaire pour chacune d'elles, selon l'importance de leur population, avec le traitement de 1,000 fr. par an, pour chaque Missionnaire.

DESIGNATION des PAROISSES.	NOMBRE DES MISSIONNAIRES.	TRAITEMENT.	Observations.
Fort-Royal (Ville de).	5	5,000 fr.	Il y aurait un supplément de 5 Missionnaires auxiliaires, ce qui en porterait le nombre à 55, et formerait une dépense totale annuelle de 55,000 fr.
S.-Pierre ⎰ Le Fort.	3	3,000	
(Ville de) ⎱ Le Mouillage.	3	3,000	
Lamentin.	3	3,000	
Trinité.	2	2,000	
Le Marin.	2	2,000	
Sainte-Anne.	1	1,000	
Le Vauclin.	2	2,000	
Le François.	2	2,000	
Saint-Esprit.	2	2,000	
Robert.	2	2,000	
Trou-au-Chat.	1	1,000	
Diamant.	1	1,000	
Rivière-Pilote.	2	2,000	
Sainte-Luce.	1	1,000	
Anses-d'Arlets.	2	2,000	
Trois-Ilets.	1	1,000	
Rivière-Salée, et Petit-Bourg.	2	2,000	
Gros-Morne.	2	2,000	
Sainte-Marie.	2	2,000	
Marigot.	1	1,000	
Grand-Anse.	2	2,000	
Basse-Pointe.	1	1,000	
Macouba.	2	2,000	
Prêcheur.	2	2,000	
Carbet.	2	2,000	
Case-Pilote.	2	2,000	
Total.	50	50,000 fr.	

Nous avons déjà dit plus haut que l'Ordre des Pères Maristes n'aurait à envoyer, pour le moment, dans la Colonie que dix-huit de ses Missionnaires, et qu'il ne remplacerait les membres du Clergé actuel des Colonies, qu'à mesure que leurs places deviendraient vacantes pour cause de maladie ou de leur départ de l'île. C'est ainsi que le Clergé actuel des Colonies ne sera nullement dérangé dans sa position, et que les Pères Maristes pourront facilement parvenir à fournir graduellement le nombre complet des cinquante-cinq religieux Missionnaires à la Colonie.

Les deux Colonies de la Guadeloupe et de Bourbon se trouvant à peu près dans les mêmes conditions que la Martinique (que nous avons prise ici pour point de départ, la connaissant dans tous les détails), nous pensons que ce même plan, que nous venons de tracer, pourrait leur être entièrement appliqué, comme à cette dernière. La même chose pourrait se faire pour la Guyane, où le personnel du Clergé cependant n'aurait pas besoin d'être aussi considérable que dans les trois autres Colonies, ainsi que nous venons de le désigner.

REMARQUES ET CONCLUSION.

V.

Les résultats de l'adoption de ce Plan que nous venons de tracer seraient immenses et du plus haut intérêt, ainsi que nous l'avons déjà démontré en détail dans ce Volume.

Sous le triple rapport moral, religieux et social ses effets seraient infailliblement des plus précieux ; ils n'en seraient pas moins avantageux sous le rapport matériel.

Pour ce qui regarde la question financière, ainsi que nous l'avons fait remarquer plus haut, le budget des dépenses du Clergé colonial serait plutôt diminué qu'augmenté. Car l'allocation que le Gouvernement et les Colonies feraient aux Pères Maristes pour leur maison à Paris serait bien moins considérable que celle qu'ils ont dû toujours faire pour le système actuel.

La dépense pour les Pères Maristes dans leurs fonctions aux Colonies ne serait pas plus élevée que celle qui se fait pour le Clergé actuel. Il est vrai que le personnel des nouveaux Missionnaires devrait être augmenté de beaucoup, mais les dépenses du budget colonial n'en seraient pas pour cela plus grandes, car on pourra réduire facilement et sans inconvénients le traitement pour les Religieux missionnaires.

Le gouvernement de la métropole trouverait encore en cela un autre avantage pour ses finances; puisque le Clergé actuel des Colonies, à qui il est obligé de fournir une pension de retraite, (qui est trop juste pour pouvoir s'en dispenser), devant finir par être entièrement remplacé dans la suite par les Pères Maristes, ne serait plus pour le Gouvernement un motif permanent de dépenses pour fournir à l'avenir des pensions de retraite.

Oui, dans l'exécution du plan que nous proposons, les avantages, comme on le voit, sont fort considérables pour la Métropole aussi bien que pour nos Colonies. Mais c'est surtout sous les autres rapports moral, religieux et social, que ce même plan présente des avantages immenses, et des plus précieux pour toutes nos Colonies des deux Indes. Et c'est à cette dernière considération, et vers ce but si noble et élevé que nous appelons de toutes nos forces et avec une entière confiance l'attention et les soins paternels du Saint-Siége et du Gouvernement de la France, afin d'opérer paisiblement et avec succès la régénération complète de nos populations des Colonies, et assurer ainsi à toutes les classes diverses dans ces pays un avenir de paix, de LIBERTÉ SAGE, et de leur prospérité générale sous le double rapport moral et matériel.

Nota. Les avantages de l'adoption de l'Ordre religieux des Pères Maristes pour les Missions de nos Colonies sont évidemment *si grands et si précieux*, sous tous les rapports, que ce NOUVEAU SYSTÈME doit être toujours préféré et admis avec empressement, en supposant même que cela nécessiterait une augmentation dans le chiffre du bubget actuel des dépenses coloniales actuelles. Il est certain que la Métropole et les Colonies s'en trouveront dédommagées largement, et de la manière la plus satisfaisante par les éminents services que leur rendra cet Ordre religieux dans cette grave et admirable mission qui leur sera confiée.

FIN DU PLAN.

NOTES

DÉSIGNÉES DANS LE VOLUME.

Note A. — *Page 5.*

La Providence.

Ils sont vraiment admirables tous les soins que ce Dieu infiniment juste et bon prend pour l'homme depuis le berceau du monde.

Après avoir fait miséricorde au premier homme, devenu coupable et malheureux, Dieu veille sans cesse sur tous les événements du genre humain, afin de le conserver dans la voie de la vérité et dans l'attente d'un Sauveur qu'il avait promis.

Trois fois le souvenir des vérités que Dieu avait révélées, avait failli périr totalement sur la terre, et trois fois Dieu empêche ce souvenir de s'effacer. Voici comment :

1° Les deux races du juste Seth et du perfide Caïn (tous deux enfants d'Adam) s'étant par la suite alliées et multipliées ensemble, il en résulta une corruption générale, et le souvenir des vérités de Dieu, s'affaiblissant chaque jour, était menacé d'un entier oubli.

Mais Dieu veillait sur son œuvre. Il efface de dessus la terre, par les eaux du déluge, tout le genre humain corrompu, et il peuple le monde de nouveau par le juste Noé et par sa famille qu'il avait préservés du déluge à cet effet.

2° La race de Sem, fils de Noé, est celle qui s'était conservée la plus fidèle à Dieu. Cependant cette race même devenant toujours plus mauvaise, était sur le point de perdre sa foi et de se confondre dans les horreurs de l'idolâtrie.

Dieu vint y apporter un remède efficace en appelant le saint homme Abraham pour être spécialement le dépositaire des vérités de Dieu, et devenir ainsi le père d'un peuple que Dieu voulait se choisir, et qui fut ensuite nommé le peuple d'Israël.

3° Pendant le temps de sa captivité en Égypte, qui durait depuis deux cent quinze ans, le peuple d'Israël commençait déjà à s'identifier avec la nation égyptienne, avec laquelle il se serait fait sans doute une fusion complète.

La foi divine allait donc entièrement s'éteindre dans la pensée d'Israël, lorsque Dieu vint tout sauver en suscitant Moïse.

Ce grand homme que Dieu avait rempli de son esprit et de sa force, fut chargé par Dieu même de l'importante et merveilleuse mission d'aller délivrer le peuple d'Israël de sa captivité, et de le conduire et le gouverner selon l'ordre et les vues de Dieu.

Ainsi, par une incessante vigilance de la part de Dieu, et par des prodiges sans nombre qu'il daigna opérer dans tous les temps, le souvenir des vérités révélées fut conservé pur et bien complet jusqu'à Jésus-Christ, en qui s'accomplit la loi ancienne, et qui vint montrer au monde, dans toute leur splendeur, les éternelles vérités qu'il a, de sa propre bouche, enseignées sur la terre, et ordonné à ses apôtres de prêcher à tous les peuples du monde.

Note AA. — Page 18.

DÉCALOGUE.

Cette loi, aussi parfaite qu'elle est divine, est surtout remarquable par son caractère d'*universalité*. Elle convient à tous les temps, à tous les peuples, à tous les climats, à toutes les conditions de la vie humaine. Elle est d'une nécessité absolue pour faire connaître à l'homme sa dignité et ses devoirs, et lui assurer un bonheur complet.

L'ingrat et aveugle peuple juif regardait la loi de Dieu comme un joug dur et insupportable. Mais le peuple chrétien, enfant de la lumière et de la grâce, chérit la loi de Dieu ; il ne voit en elle qu'une parole d'amour, de vie et de fraternité universelle ; il y voit la sauvegarde de la justice et de la vertu, la source de la vérité et le gage bien assuré d'une félicité immortelle.

Ah ! pourquoi cette LOI DIVINE n'est-elle pas écrite partout en LETTRES D'OR ? Pourquoi n'est-elle point profondément gravée chez tous les peuples et au cœur de tous les hommes ? L'empire universel de la loi de Dieu sur la terre, ferait de toute la terre un céleste séjour.

Note B. — *Page 30.*

Nativité de Jésus-Christ.

Ce grand événement de la venue du Christ avait été annoncé, plusieurs siècles à l'avance, par les patriarches et les prophètes. Moïse, Jacob et Balaam ont parlé de cet événement, et les prophètes l'ont annoncé d'une manière bien frappante. Voici quelques-uns de leurs oracles à ce sujet :

Il est dit dans les prophéties :

Que le Messie devait naître d'une vierge (Is., vii, 14), dans la ville de Bethléem (Mich., v. 2), de la race de Jessé (Is., ii, 1, 10.)

Qu'il devait mener une vie de pauvreté et de souffrances (Ps., xxii) pour les péchés des autres (Is., liii); qu'après un court séjour dans la tombe, il ressusciterait (Ps., xvi, 10); qu'il s'asseoirait sur le trône de David pour toujours, et serait appelé « le Dieu fort et puissant. »

Parmi les prophéties relatives à Jésus-Christ (qui se sont toutes réalisées), il y en a plusieurs qui se sont accomplies avec une précision et une exactitude qui remplissent l'âme d'étonnement et d'admiration. Par exemple, lisez le verset 21 du psaume 69 : « *Ils m'ont donné du fiel pour mon repas, et* « *dans ma soif ils m'ont abreuvé de vinaigre.* »

Comparez ce passage avec ce qui est dit dans saint Matthieu : « *Ils lui donnèrent à boire du vinaigre mêlé avec du fiel.* » (Matth., XXVII, 34.)

Voyez ce qui est dit au psaume XXII, v. 16-19 : « *Ils ont percé mes mains et mes pieds. Ils partagent entre eux mes vêtements, ils jettent le sort sur ma robe.* » L'apôtre saint Jean nous fait connaître que cette prophétie s'est exactement accomplie. (Ev. S. Jean, XIX, 23 et 24.)

Il est également prédit dans le prophète Zacharie : « *Ils regarderont vers moi qu'ils auront percé.* » Et nous trouvons en saint Jean : « *Un des soldats lui perça le côté avec une lance.* » (Jean, XIX, 34.)

L'on est frappé d'étonnement lorsqu'on voit que tous ces faits, et tant d'autres encore qui ont été prédits et spécifiés par les prophètes, nous sont racontés historiquement par les évangélistes dans un accord parfait avec la prophétie.

Note C. — *Page 30.*

PÉCHÉ ORIGINEL.

Au premier moment qu'il est sorti des mains de son Créateur, l'homme possédait un bonheur parfait, c'est-à-dire parfaitement proportionné à ses facultés. Il avait assez de vie, assez de jouissance, assez de savoir.

Mais puisque nous voyons qu'il n'en est plus ainsi, il est donc vrai qu'il est arrivé un *changement* dans la destinée de l'humanité.

Dieu n'a pu être l'auteur de ce changement, car Dieu est immuable et ne peut changer ; il n'a pu non plus se démentir lui-même en rendant malheureuse sa créature qu'il destinait à jouir. C'est donc l'homme qui a changé lui-même son sort, et il a pu le changer, parce que le bonheur parfait que son Créateur lui avait donné était *conditionnel*, et qu'ayant été créé *libre*, et connaissant le *bien* et le *mal*, il a péché en faisant le *mal*, que Dieu lui avait défendu sous peine de mort.

Mais pourquoi, dira-t-on peut-être, Dieu qui connaît tout dans l'avenir, a créé l'homme libre sachant qu'il devait abuser de sa liberté et se perdre ?

Ici il n'y a rien à répondre. La révélation et notre raison

même nous disent et nous prouvent assez que le péché originel a eu lieu, et que cela est une vérité incontestable.

Mais si nous voulions sonder tous les replis de ce péché originel, nous ne saurions y trouver qu'un abîme sans fond et des épaisses ténèbres, où la raison humaine ne peut qu'errer et se confondre. C'est un secret que Dieu a gardé pour lui. Le péché originel est donc un mystère, et ce mystère est la base fondamentale de la religion, nous pouvons même dire de la science ; car le dogme du péché originel explique tout dans le monde moral, comme dans le monde physique.

Tous les êtres dans l'univers sont régis par une loi générale, et sont entre eux dans un rapport parfait.

« Par quelle incompréhensible destinée, dirons-nous ici
« avec le grand écrivain de notre siècle [1], l'homme seul est-
« il excepté de cette loi si nécessaire à l'ordre... et au bonheur
« des êtres ? Autant l'harmonie des qualités et des mouve-
« ments est visible dans le reste de la nature, autant leur
« désunion est frappante dans l'homme. Un choc perpétuel
« existe entre son entendement et son désir, entre sa rai-
« son et son cœur... Touchant à l'arbre de science, Adam
« mit dans son entendement un rayon trop fort de lumière.
« A l'instant l'équilibre se rompt, la confusion s'empare
« de l'homme. Au lieu de la lumière qu'il s'était pro-
« mise, d'épaisses ténèbres couvrent sa vue; son péché
« s'étend comme un voile entre lui et l'univers. Toute son
« âme se trouble et se soulève; les passions combattent le

[1] Châteaubriand.

« jugement, le jugement cherche à anéantir les passions. »

C'est ainsi, dans cette tempête effrayante, que nous voyons toute la postérité d'Adam vivre et mourir, qui pourtant a trouvé une voie de salut vers le port de l'éternel bonheur, après le sacrifice de Jésus-Christ, qui a sauvé le monde.

Ce changement dans le sort de l'homme, à cause du péché originel, est universel sur la terre pour le genre humain ; car nous voyons et nous sentons tous qu'aucun homme, dans ce monde, n'est ni peut être parfaitement bon, ni parfaitement heureux.

Il y a pourtant dans l'homme quelques restes de sa vertu primitive, c'est pourquoi il y a dans le monde quelques hommes *bons*, mais seulement *imparfaitement bons*, et ceux-là seuls sont réellement *un peu heureux*, et ne peuvent l'être parfaitement.

Ce changement dans le sort de l'homme s'étend sur tous les hommes et sur toutes les générations ; car l'enfant sortant du sein de sa mère souffre, et il meurt ensuite comme le premier homme qui seul avait péché, mais par qui toute la nature humaine a été empoisonnée dans sa source.

Pourtant Dieu n'est point injuste en cela. Dieu ne punit pas les enfants des fautes de leurs parents ; les maux des enfants d'Adam ne sont pas un châtiment que Dieu leur inflige, mais un *ordre qu'il maintient;* Dieu laisse l'homme être vraiment homme. Ainsi tous les enfants d'Adam, dans leur état de nature malheureuse, peuvent bien dire que ce n'est pas « *leur tort*, mais que c'est *leur sort*. » (Job, XIV, 11.)

Note D. — *Page* 31.

PORTRAIT DE JÉSUS-CHRIST.

« A la grandeur des préparations naturelles s'unit l'éclat
« des prodiges : les vrais oracles, depuis longtemps muets
« dans Jérusalem, recouvrent la voix, et les fausses sibylles
« se taisent. Une nouvelle étoile se montre dans l'Orient,
« Gabriel descend vers Marie, et un chœur d'esprits bienheu-
« reux chante au haut du ciel, pendant la nuit : *Gloire à*
« *Dieu, paix aux hommes!* Tout à coup le bruit se répand
« que le SAUVEUR a vu le jour dans la Judée : il n'est point
« né dans la pourpre, mais dans l'asile de l'indigence; il n'a
« point été annoncé aux grands et aux superbes, mais les
« anges l'ont révélé aux petits et aux simples; il n'a pas
« réuni autour de son berceau les heureux du monde, mais
« les infortunés; et, par ce premier acte de sa vie, il s'est
« déclaré de préférence le Dieu des misérables.

« Arrêtons-nous ici pour faire une réflexion. Nous voyons,
« depuis le commencement des siècles, les rois, les héros, les
« hommes éclatants, devenir les dieux des nations. Mais
« voici que le fils d'un charpentier, dans un petit coin de la
« Judée, est un modèle de douleurs et de misère : il est flétri
« publiquement par un supplice; il choisit ses disciples

« dans les rangs les moins élevés de la société ; il ne prêche
« que sacrifices, que renoncement aux pompes du monde,
« au plaisir, au pouvoir : il préfère l'esclave au maître, le
« pauvre au riche, le lépreux à l'homme sain ; tout ce qui
« pleure, tout ce qui a des plaies, tout ce qui est abandonné
« du monde fait ses délices : la puissance, la fortune et le
« bonheur sont au contraire menacés par lui. Il renverse les
« notions communes de la morale ; il établit des relations
« nouvelles entre les hommes, un nouveau droit des gens,
« une nouvelle foi publique : il élève ainsi sa divinité, triom-
« phe de la religion des Césars, s'assied sur leur trône, et
« parvient à subjuguer la terre. Non, quand la voix du monde
« entier s'élèverait contre Jésus-Christ, quand toutes les lu-
« mières de la philosophie se réuniraient contre ses dogmes,
« jamais on ne nous persuadera qu'une religion fondée sur
« une pareille base soit une religion humaine. Celui qui a pu
« faire adorer une *croix*, celui qui a offert pour objet de
« culte aux hommes *l'humanité souffrante, la vertu persé-
« cutée,* celui-là, nous le jurons, ne saurait être qu'un Dieu.

« Jésus-Christ apparaît au milieu des hommes, plein de
« grâce et de vérité ; l'autorité et la douceur de sa parole en-
« traînent. Il vient pour être le plus malheureux des mortels, et
« tous ses prodiges sont pour les misérables. *Ses miracles*, dit
« Bossuet, *tiennent plus de la bonté que de la puissance.* Pour
« inculquer ses préceptes, il choisit l'apologue ou la parabole,
« qui se grave aisément dans l'esprit des peuples. C'est en
« marchant dans les campagnes qu'il donne ses leçons. En
« voyant les fleurs d'un champ, il exhorte ses disciples à es-

« pérer dans la Providence, qui supporte les faibles plantes
« et nourrit les petits oiseaux ; en apercevant les fruits de
« la terre, il instruit à juger l'homme par ses œuvres. On
« lui apporte un enfant, et il recommande l'innocence ; se
« trouvant au milieu des bergers, il se donne à lui-même le
« titre de *pasteur des âmes*, et se représente rapportant sur
« ses épaules la brebis égarée. Au printemps, il s'assied sur
« une montagne, et tire des objets environnants de quoi
« instruire la foule assise à ses pieds. Du spectacle même de
« cette foule pauvre et malheureuse, il fait naître ses béati-
« tudes : *Bienheureux ceux qui pleurent ; bienheureux ceux*
« *qui ont faim et soif*, etc. Ceux qui observent ses préceptes et
« ceux qui les méprisent sont comparés à deux hommes qui
« bâtissent deux maisons, l'une sur le roc, l'autre sur un
« sable mouvant : selon quelques interprètes, il montrait, en
« parlant ainsi, un hameau florissant sur une colline, et au
« bas de cette colline, des cabanes détruites par une inonda-
« tion. Quand il demande de l'eau à la femme de Samarie, il
« lui peint sa doctrine sous la belle image d'une source d'eau
« vive.

« Les plus violents ennemis de Jésus-Christ n'ont jamais
« osé attaquer sa personne. Celse, Julien, Volusien, avouent
« ses miracles, et Porphyre raconte que les oracles mêmes des
« païens l'appelaient un homme illustre par sa piété. Tibère
« avait voulu le mettre au rang des dieux : selon Lampri-
« dius, Adrien lui avait élevé des temples, et Alexandre-
« Sévère le révérait avec les images des âmes saintes, entre
« Orphée et Abraham. Pline a rendu un illustre témoignage

« à l'innocence de ces premiers chrétiens qui suivaient de
« près les exemples du Rédempteur. Il n'y a point de philo-
« sophes de l'antiquité à qui l'on n'ait reproché quelques
« vices : les patriarches même ont eu des faiblesses ; le Christ
« seul est sans tache : c'est la plus brillante copie de cette
« beauté souveraine qui réside sur le trône des cieux. Pur et
« sacré comme le tabernacle du Seigneur, ne respirant que
« l'amour de Dieu et des hommes, infiniment supérieur à la
« vaine gloire du monde, il poursuivait, à travers les dou-
« leurs, la grande affaire de notre salut, forçant les hommes,
« par l'ascendant de ses vertus, à embrasser sa doctrine, et à
« imiter une vie qu'ils étaient contraints d'admirer.

« Son caractère était aimable, ouvert et tendre, sa charité
« sans bornes. L'Apôtre nous en donne une idée en deux
« mots : *Il allait faisant le bien.* Sa résignation à la volonté
« de Dieu éclate dans tous les moments de sa vie ; il aimait,
« il connaissait l'amitié : l'homme qu'il tira du tombeau,
« Lazare, était son ami ; ce fut pour le plus grand sentiment
« de la vie qu'il fit son plus grand miracle. L'amour de la pa-
« trie trouva chez lui un modèle : « *Jérusalem! Jérusalem!*
« s'écriait-il en pensant au jugement qui menaçait cette cité
« coupable, *j'ai voulu rassembler tes enfants, comme la poule*
« *rassemble ses poussins sous ses ailes; mais tu ne l'as pas*
« *voulu!* » Du haut d'une colline, jetant les yeux sur cette
« ville condamnée, pour ses crimes, à une horrible destruc-
« tion, il ne put retenir ses larmes : *Il vit la cité,* dit l'A-
« pôtre, *et il pleura!* Sa tolérance ne fut pas moins remar-
« quable quand ses disciples le prièrent de faire descendre le

« feu sur un village de Samaritains qui lui avait refusé l'hos-
« pitalité. Il répondit avec indignation : *Vous ne savez pas ce*
« *que vous demandez!*

« Si le Fils de l'homme était sorti du ciel avec toute sa
« force, il eût eu sans doute peu de peine à pratiquer tant de
« vertus, à supporter tant de maux ; mais c'est ici la gloire du
« mystère : le Christ ressentait des douleurs ; son cœur se bri-
« sait comme celui d'un homme ; il ne donna jamais aucun
« signe de colère que contre la dureté de l'âme et l'insensibi-
« lité. Il répétait éternellement : *Aimez-vous les uns les autres.*
« *Mon père*, s'écriait-il sous le fer des bourreaux, *pardonnez-*
« *leur, car ils ne savent ce qu'ils font.* Prêt à quitter ses disci-
« ples bien-aimés, il fondit tout à coup en larmes : il ressentit
« les terreurs du tombeau et les angoisses de la croix : une
« sueur de sang coula le long de ses joues divines ; il se plai-
« gnit que son père l'avait abandonné. Lorsque l'ange lui
« présenta le calice, il dit : *O mon Père, fais que ce calice passe*
« *loin de moi; cependant, si je dois le boire, que ta volonté soit*
« *faite.* Ce fut alors que ce mot, où respire la sublimité de la
« douleur, échappa de sa bouche : *Mon âme est triste jusqu'à*
« *la mort.* Ah ! si la morale la plus pure et le cœur le plus
« tendre, si une vie passée à combattre l'erreur et à soulager
« les maux des hommes, sont les attributs de la divinité, qui
« peut nier celle de Jésus-Christ ? Modèle de toutes vertus,
« l'amitié le voit endormi dans le sein de saint Jean, ou lé-
« guant sa mère à ce disciple ; la charité l'admire dans le
« jugement de la femme adultère : partout la pitié le trouve
« bénissant les pleurs de l'infortuné ; dans son amour pour

« les enfants, son innocence et sa candeur se décèlent;
« la force de son âme brille au milieu des tourments
« de la croix, et son dernier soupir est un soupir de miséri-
« corde. »

(Châteaubriand.)

Note E. — *Page 44.*

Bienfaits des souverains pontifes.

« Nous ressentons encore tous les jours, dit un de nos écrivains célèbres de notre siècle, l'influence des biens immenses et inestimables que le monde entier doit aux chefs suprêmes de l'Église de Jésus-Christ. Les souverains pontifes se sont presque toujours montrés supérieurs à leur siècle. Ils avaient des idées de législation, de droit public; ils connaissaient les beaux-arts, les sciences, la politesse, lorsque tout était plongé dans les ténèbres des institutions gothiques; ils ne se réservaient point exclusivement la lumière, ils la répandaient sur tous.

« Ils faisaient tomber les barrières que les préjugés élevaient contre les nations. Ils cherchaient à adoucir nos mœurs, à nous tirer de notre ignorance, à nous arracher de nos coutumes grossières et féroces. Les papes, parmi nos ancêtres, furent des missionnaires des arts envoyés à des barbares, des législateurs chez des sauvages.

« Le siècle de Léon X avait paru si beau au savant abbé Barthélemy, qu'il l'avait d'abord préféré à celui de Périclès pour sujet de son grand ouvrage; c'était dans l'Italie chrétienne qu'il voulait conduire un moderne Anacharsis.

« C'est donc une chose généralement reconnue, que l'Europe doit au Saint-Siége sa civilisation, une grande partie de ses meilleures lois, presque toutes ses sciences et ses arts, » et les progrès toujours croissants (l'on peut ajouter ici) de l'œuvre sainte de la civilisation et de l'humanité contre la barbarie et l'Esclavage, s'avançant chaque jour paisiblement et avec succès vers son terme final de l'ÉQUITÉ et DE LA LIBERTÉ dans tous les peuples du monde.

Note F. — *Page* 52.

ÉPITRE DE SAINT-PAUL A PHILÉMON POUR L'ESCLAVE ONÉSIME.

L'apôtre saint Paul était animé de l'esprit de la divine Charité, lorsque, renvoyant de Rome l'esclave *Onésime* à son maître Philémon, il écrivait à ce dernier ces paroles si touchantes et si dignes de l'apôtre de Jésus-Christ :

4. Me souvenant sans cesse de vous dans mes prières, *mon cher Philémon,* je rends grâces à mon Dieu ;

5. Apprenant quelle est votre foi envers le Seigneur Jésus, et votre charité envers tous les saints ;

6. Et de quelle sorte la libéralité qui naît de votre foi éclate aux yeux de tout le monde, se faisant connaître par tant de bonnes œuvres, qui se pratiquent dans votre maison pour l'amour de Jésus-Christ.

7. Car votre charité, *mon cher* frère, nous a comblés de joie et de consolation, voyant que les cœurs des saints *qui étaient affligés,* ont reçu tant de soulagement de votre bonté.

8. C'est pourquoi *je m'adresse aujourd'hui à cette même bonté, et je vous prie d'en faire sentir les effets à une personne qui m'est très chère. Je dis que je vous en prie ; car* encore que

je puisse prendre en *qualité d'apôtre de* Jésus-Christ, une entière liberté de *vous ordonner* une chose qui est de votre devoir ;

9. Néanmoins l'amour *que j'ai pour vous* fait que j'aime mieux vous en supplier, quoique vous soyez tel que vous êtes *et que je sois tel que je suis, c'est-à-dire, quoique vous soyez mon disciple,* et que je sois Paul *qui vous a instruit des vérités de la foi, qui est* déjà vieux, et *qui* de plus *est* maintenant prisonnier *pour l'amour* de Jésus-Christ ;

10. Or la prière que je vous fais est pour mon fils Onésime, que j'ai engendré dans *mes* liens, *l'ayant converti à la foi depuis que je suis en prison ;*

11. Qui vous a été autrefois inutile, mais qui vous sera maintenant *très*-utile, aussi bien qu'à moi.

12. Je vous le renvoie, et je vous prie de le recevoir comme mes entrailles *et mon cher fils.*

13. J'avais pensé de le retenir auprès de moi, afin qu'il me rendît quelque service en votre place, dans les chaînes que je porte pour l'Évangile ;

14. Mais je n'ai rien voulu faire sans votre consentement, désirant que le bien que je vous propose n'ait rien de forcé, mais soit *entièrement* volontaire. *J'ai donc mieux aimé vous rendre cet esclave fugitif, que de le retenir sans vous en avoir parlé. Je vous prie de le bien recevoir, et de regarder sa fuite comme une chose qui vous est avantageuse.*

15. Car peut-être qu'il n'a été séparé de vous pour un temps, qu'afin que vous le recouvriez pour jamais.

16. Non plus comme un simple esclave, mais comme celui

qui, *d'esclave*, est devenu l'un de nos *frères bien-aimés*, qui m'est *en effet* très-cher, à moi en particulier, et qui vous le doit être encore beaucoup plus, étant à vous, et, selon le monde, *comme votre esclave par sa condition*, et, selon le Seigneur, *comme votre frère en sa foi en Jésus-Christ.*

17. Si donc vous me considérez comme étroitement uni à vous, recevez-le comme moi-même; *car il est aussi très-étroitement uni à moi.*

18. S'il vous a fait tort, ou s'il vous est redevable de quelque chose, mettez cela sur mon compte.

19. C'est moi, Paul, qui vous l'écris de ma main : c'est moi qui vous le rendrai, pour ne vous pas dire que vous vous devez vous-même à moi, *et que je pourrais vous demander la grâce d'Onésime, en compensation de celle du salut que je vous ai procuré. Je vous prie donc de lui pardonner.*

20. « Oui, mon frère, que je reçoive de vous cette joie dans
« le Seigneur; donnez-moi au nom du Seigneur cette sensible
« consolation.

21. « Je vous écris ceci dans la confiance que votre soumis-
« sion me donne, sachant que *vous en ferez encore plus que je*
« *ne dis...* »

Cette admirable épître de saint Paul produisit tout l'effet qu'il en désirait; car son disciple Philémon, non seulement pardonna de suite à son esclave Onésime sa fuite, mais *il lui accorda même* LA LIBERTÉ.

Sans doute la loi de Dieu, qui est une loi d'amour et d'éternelle justice, ne veut ni ne peut vouloir l'esclavage parmi les hommes; car il leur a donné à tous un *esprit intelligent* et im-

mortel; il les a ainsi créés à son image et à sa ressemblance, et afin qu'ils soient tous *heureux* et *libres*.

Pourtant Dieu aime l'ordre essentiellement et ne veut pas qu'il soit troublé; il veut que l'ordre soit conservé dans la société humaine comme il le conserve dans la nature entière.

Dieu veut que le bien se fasse, mais paisiblement, sans violence et sans secousses. Il veut que l'homme soit ce qu'il doit être : éclairé, sage, libre et heureux; mais il veut aussi que toute amélioration qui se fait dans l'état social, comme dans l'homme isolément, soit *un véritable bienfait pour tous les hommes*, sous le double rapport spirituel et matériel.

Note G. — *Page 56.*

SAINTE BATHILDE, REINE DE FRANCE.

Sainte Bathilde, reine de France, était épouse de Clovis II. Restée veuve en 655, elle fut proclamée régente du royaume, pendant la minorité de ses enfants. Elle fit preuve d'une grande capacité dans son gouvernement, qui fit l'admiration de tous ses hommes d'État. Elle sut maintenir dans tout le royaume une paix solide et honorable. Mais ce qui rend encore plus glorieux et vénéré le nom de cette grande Reine, c'est *l'abolition de l'esclavage* qui subsistait encore et qu'elle ordonna de faire *disparaître à jamais de ses États*. Action magnanime et glorieuse bien digne d'une Reine! surtout. d'une REINE CHRÉTIENNE... de France.

Sainte Bathilde travailla aussi, de concert avec saint Ouen, saint Éloi et plusieurs autres évêques pour mettre l'église de France dans un état de prospérité convenable, multiplier les maisons de bienfaisance chrétienne avec un zèle et une sagesse admirables. Elle termina sa glorieuse carrière dans l'abbaye de Chelles, le 30 janvier 680.

Note H. — *Page* 64.

LA TRAITE DES FEMMES (BLANCHES) EN TURQUIE.

La *Gazette d'Augsbourg* publie une lettre de Constantinople à la date du 10 septembre dernier. On y lit le passage suivant :

« On annonce que le mois dernier le pacha de Trébisonde a fait partir pour Constantinople une cargaison entière d'esclaves de la Circassie (ce sont la plupart des jeunes filles). On en porte le nombre à 230 ; elles sont destinées, la plupart, au harem du Grand-Seigneur. Ce trafic, que fait le pacha, est une violation des traités d'Andrinople. L'ambassadeur russe protestera sans doute, et cela est d'autant plus vraisemblable, que, parmi les esclaves de cette cargaison, il en est qui sont sujettes de la Russie. »

Cette traite des femmes blanches, dit la presse française, mérite d'être signalée à l'indignation de l'Europe entière.

Eh quoi! les nations européennes se sont concertées pour établir une recherche sévère des bâtiments négriers ; des vaisseaux de guerre stationnent sur les points principaux de l'Océan afin de visiter et d'arrêter les bâtiments qui portent des cargaisons d'esclaves noirs, ou qui ont seulement à leur bord quelques ustensiles qui peuvent faire soupçonner une pareille destination ; et un navire contenant 230 ESCLAVES BLANCHES traverse paisiblement la mer Noire, sans être le moins du monde inquiété, recherché, visité, sans qu'il se trouve personne pour lui demander compte du crime odieux qu'il recèle dans ses flancs !

Dans toutes les législations européennes, la traite des Noirs est un crime puni de peines afflictives et infamantes, et en Turquie, le gouvernement lui-même pourrait faire la traite des FEMMES BLANCHES ! Non, cela ne peut être : la raison, la justice, l'humanité protestent contre une distinction aussi monstrueuse. Le crime, ici, est d'autant plus grand que c'est un agent du gouvernement lui-même, un pacha, un gouverneur de province qui le commet. Et dans quel but, bon Dieu ! le pacha de Trébisonde envoie-t-il cette cargaison de jeunes Circassiennes au sultan ? Ne joue-t-il pas le rôle de pourvoyeur du harem impérial ? Et, dans tous les pays, n'est-ce pas là un rôle infâme ?

De pareils attentats contre l'humanité appellent la sollicitude des Puissances européennes. L'Europe, qui sévit contre la traite des noirs en Occident, ne peut tolérer la traite des femmes blanches en Orient. Dans cette question, toutes les Puissances doivent s'entendre; il n'y a plus aucun motif de jalousie et de division; il s'agit d'une question sociale, et non d'un intérêt politique.

Ce n'est pas seulement la Russie qui doit intervenir pour réclamer ses sujettes; c'est la France, l'Angleterre, l'Autriche, la Prusse, dont la volonté collective doit mettre un terme à ces actes de barbarie. Il y va de l'honneur de l'Europe d'empêcher ce négrier-pourvoyeur d'entrer dans le port de Constantinople. (5 février 1844.)

Note I. — *Page* 67.

CHRISTOPHE COLOMB.

Colomb, le plus fameux des navigateurs du monde, est né à Gênes en l'année 1442. Il fut élevé à Pise, où il s'appliqua spécialement aux études de la géographie et des mathématiques.

Convaincu de la sphéricité de la terre, Colomb conçut l'audacieux projet d'aller à la découverte d'un Nouveau-Monde, et en fait part à plusieurs Souverains, en demandant leur appui sur cet objet. Déjà, depuis six ans, il ne cessait de colporter ses plans de voyages dans les diverses cours de l'Europe d'une manière infructueuse. Enfin, une lettre favorable du roi de France vient ranimer le courage de Colomb. Il se préparait à partir d'Espagne pour Paris, lorsque le moine Juan Pérez, qui déjà six ans auparavant l'avait vivement et inutilement recommandé à la cour d'Espagne, voulut faire une seconde tentative. Le savant religieux Pérez appuie donc de nouveau auprès de la Reine Isabelle le projet de la gigantesque entreprise de Colomb, et voit enfin sa demande couronnée d'un plein succès. Des ordres sont donnés immédiatement par la cour pour préparer sans délai l'expédition. Chose étonnante et trop digne de remarque! C'est donc à la religion qu'est due, quoique d'une manière indirecte, la découverte du Nouveau-Monde, puisque celui qui en a fait décider l'entreprise et facilité tous les moyens nécessaires c'est *un moine, un prêtre* de la religion du Christ, et puisqu'aussi c'est un roi catholique qui l'a ordonnée. Cela devait être. Et nous voyons ainsi les colonnes d'Hercule du vieux monde tomber devant ce matelot intrépide qu'inspire le génie chrétien, et qui va s'ouvrir un passage à travers les déserts immenses d'un Océan inconnu ; il y va tracer la route, et découvrir les terres nouvelles où doivent passer les *apôtres de l'Évangile,* afin d'apporter la lumière sur toute la face du globe, car l'ordre leur a été donné par le Sauveur du Monde : « *Allez, enseignez tous les peuples de la terre.* »

Revenons à notre sujet, afin de compléter cet intéressant article. L'expédition étant donc décidée, trois frêles barques montées par 90 hommes furent mises à la disposition de Colomb, qui fut investi de la dignité d'amiral avec le titre de vice-roi et de gouverneur général des pays qu'il découvrirait.

Un jour de vendredi, le 3 août 1492, Colomb partit avec sa petite flottille du port de Palos d'Andalousie. Après avoir relâché aux îles Canaries, et ayant ensuite triomphé, par son courage et l'ascendant de son génie, de sa petite armée de matelots mutinés contre lui, à cause des privations et de leur découragement dans une si longue et effroyable campagne, Colomb *aperçut* enfin *la terre* tant cherchée *de son Nouveau-Monde!* c'était aussi un jour de vendredi, le 12 octobre 1492, soixante et onze jours après avoir quitté l'Europe.

Qu'elle a dû être grande la joie qui vint alors inonder l'âme impatiente de cet intrépide et audacieux génie, au moment où il vit de loin un *point noir* apparaître à l'horizon..... au moment surtout qu'il *toucha de son pied les bords verdoyants* du Nouveau-Monde !... C'est dans l'Ile qu'il appela San-Salvador que descendit Colomb, et il y planta le pavillon de l'Espagne, qui est également le drapeau du Christianisme. Les Sauvages qui habitaient cette île furent d'abord saisis d'une grande frayeur à la vue de ces audacieux étrangers qu'ils voyaient apparaître pour la première fois sur leurs rivages. Ils furent cependant bientôt rassurés ; ils s'approchèrent des Espagnols avec vénération et *se prosternèrent à terre* devant eux pour *les adorer comme des Divinités !* et ils en avaient, en quelque sorte, raison ; LE PREMIER CHRÉTIEN, apparaissant sur les rives du Nouveau-Monde, portait sur son front un rayon de la divinité, car il avait dans son âme les vérités divines et venait répandre *la lumière* dans ces pays inconnus que couvraient les ténèbres de l'ignorance et de la barbarie.

Colomb découvrit, à diverses époques, Cuba, Haïti, la Jamaïque, les petites Antilles, et enfin les rives du Continent américain. Il fut d'abord reçu en triomphe en Espagne à son retour de son premier voyage du Nouveau-Monde. Puis indignement calomnié et persécuté par des méchants, jaloux de tant de gloire, il fut jeté dans les fers. Il en fut pourtant bientôt délivré, l'intégrité de sa conduite politique ayant été bien reconnue par la cour d'Espagne. Ce grand homme, dont le nom est devenu immortel, termina sa glorieuse carrière.

accablé sous le poids de l'injustice et de cruels chagrins, à Valladolid, en 1506. Mais déjà la postérité a justement vengé la gloire de Colomb, qui fera désormais l'admiration de tous les siècles.

Note L. — *Page* 70.

DESTRUCTION DES INDIENS DE L'AMÉRIQUE PAR LES ESPAGNOLS AU XVIe SIÈCLE.

Il y a eu des hommes, plutôt mal informés peut-être que méchants, qui avaient voulu faire croire que la destruction des Indiens dans le Nouveau-Monde ne devait s'attribuer qu'à l'intolérance et à un cruel fanatisme de nos Missionnaires. Mais rien n'est plus facile que de prouver le contraire, en invoquant les seuls faits historiques. Voici comment s'est effectuée la destruction des Indiens de l'Amérique, d'après l'historien Robertson :

« Tous les genres de travaux s'affaiblissant de jour en jour
« à Hispaniola, par la destruction rapide des naturels du pays,
« les Espagnols manquaient de bras pour continuer les en-
« treprises déjà formées, et ce besoin les avait fait recourir à
« tous les expédients qu'ils pouvaient imaginer pour y sup-
« pléer. On leur avait porté beaucoup de nègres de l'Afrique ;
« mais le prix en était monté si haut, que la plupart des co-
« lons ne pouvaient y atteindre. Pour se procurer des esclaves
« à meilleur marché, quelques-uns d'entre eux armèrent des
« vaisseaux, et se mirent à croiser le long des côtes du conti-
« nent américain.

« Dans les lieux où ils étaient inférieurs en force, ils com-

« merçaient avec les naturels, et leur donnaient des quincail-
« leries d'Europe pour les plaques d'or qui servaient d'or-
« nements à ces peuples; mais partout où ils pouvaient sur-
« prendre les Indiens, on l'emportait sur eux à force ouverte;
« ils les enlevaient et les vendaient à Hispaniola[1]. Cette pi-
« raterie était accompagnée des plus grandes atrocités. Le
« nom espagnol devint en horreur sur tout le continent. Dès
« qu'un vaisseau paraissait, les habitants fuyaient dans les
« bois, ou couraient au rivage en armes, pour repousser ces
« cruels ennemis de leur tranquillité. Quelquefois ils forçaient
« les Espagnols à se retirer avec précipitation, ou ils leur cou-
« paient la retraite.

« Dans la violence de leurs ressentiments, les Indiens mas-
« sacrèrent deux missionnaires dominicains, que le zèle avait
« portés à s'établir dans la province de Cumana[2]. Le meurtre
« de ces personnes révérées pour la sainteté de leur vie excita
« la plus vive indignation parmi les colons d'Hispaniola, qui,
« au milieu de la licence de leurs mœurs et de la cruauté de
« leurs actions, étaient pleins d'un zèle outré et furibond, (que
« la religion ne saurait que réprouver toujours et partout), et
« d'un respect superstitieux pour les Missionnaires. Les colons
« espagnols résolurent de punir ce crime (qui ne fut pour eux
« qu'un prétexte), et décidèrent de détruire la nation tout en-
« tière. Pour l'exécution de cet effroyable projet, ils donnèrent
« le commandement de cinq vaisseaux et trois cents hommes
« à Diégo Ocampo, avec ordre de détruire par le fer et le feu

[1] Herrera, Décad. III, lib. II, cap. III.
[2] Oviedo, Hist., lib. XIX, cap. III.

« tout le pays de Cumana, et d'en faire les habitants esclaves
« pour être transportés à Hispaniola. Ocampo s'acquitta trop
« bien d'une pareille mission, qu'il n'eût dû jamais accepter.
« Il massacra par ses armes ou fit esclaves presque tous les
« Indiens de la province; et le peu qui resta de ces malheu-
« reux s'enfonça dans les bois pour panser leurs blessures et
« pleurer la ruine de leur nation. »

Voyons maintenant quelle fut la conduite des Missionnaires catholiques envers les populations indigènes du Nouveau Monde.

L'Espagne envoya dans l'Amérique, peu de temps après sa découverte, des religieux de l'ordre de Saint-Dominique, pour instruire et convertir les naturels du pays; elle supposait cependant que la rigueur avec laquelle on traitait ces Indiens rendrait leur ministère inutile.

Mais les Missionnaires, se conformant à l'esprit de douceur de la religion qu'ils venaient annoncer, s'élevèrent aussitôt contre les maximes de leurs compatriotes, à l'égard des Indiens, et condamnèrent ces *distributions* par lesquelles on les livrait en esclaves à leurs conquérants, comme des actes aussi contraires à l'équité naturelle et aux préceptes du Christianisme, qu'à la saine politique.

« Les religieux, élevant leurs nobles vues au-dessus des
« considérations politiques et de leur intérêt personnel, ne
« voulurent se relâcher en rien de la sévérité de leur doctrine
« qui était tout évangélique[1]. »

Par suite des réclamations charitables que les Missionnaires

---

[1] Oviedo, lib. cap. vi.

dominicains adressèrent en faveur des Indiens opprimés au roi d'Espagne, celui-ci nomma une commission pour juger cette affaire, après avoir entendu les députés d'Amérique qui venaient plaider contre les Indiens. La commission se composait du conseil privé du roi et d'un grand nombre de jurisconsultes et de théologiens. Il fut décidé, dans cette savante assemblée, présidée par le roi Ferdinand lui-même, que *les Indiens devaient être considérés comme un peuple libre, fait pour jouir de tous les droits naturels de l'homme.*

« Le Clergé séculier et régulier avait réclamé contre l'u-
« sage adopté dans l'Amérique espagnole de réduire les In-
« diens en *servitude,* et de les sacrifier aux travaux des mines.
« Il réprouvait ce système aussi impolitique que barbare. Les
« tribunaux du Mexique et du Pérou, la cour de Madrid, reten-
« tissaient des plaintes des Missionnaires [1].

« Nous ne prétendons pas, disaient les Missionnaires aux
« colons espagnols, nous opposer au profit que vous pouvez
« faire avec les Indiens par des voies légitimes; mais vous
« savez que l'intention du roi n'a jamais été que vous les
« regardiez comme des esclaves, et que *la Loi de Dieu vous le*
« *défend....* Nous ne croyons pas qu'il soit permis d'attenter
« à leur liberté, à laquelle ils ont un droit naturel que rien
« n'autorise à leur contester [2]. » Ces mêmes Missionnaires ne cessaient d'agir en faveur de ces malheureux Indiens, en leur prodiguant leur zèle, et les soins les plus tendres de la Charité chrétienne.

[1] Robertson, *Histoire de l'Amérique.*
[2] Charlevoix.

Note M. — *Page 79.*

Lettres apostoliques de notre saint-père Grégoire XVI, pour détourner du commerce et de l'esclavage des nègres [1].

« *Ad futuram rei memoriam.*

« Placé au sommet de l'apostolat, et tenant sans aucun mérite de notre part la place de Jésus-Christ, Fils de Dieu, qui, fait homme par son extrême charité, a voulu même mourir pour la rédemption du monde, nous avons cru qu'il appartenait à notre sollicitude pastorale de nous appliquer à détourner tout à fait les fidèles du commerce inhumain des nègres ou de toute autre espèce d'hommes.

« Lorsque la lumière de l'Évangile commença pour la première fois à se répandre, les malheureux qui étaient alors réduits en si grand nombre dans une très dure servitude, surtout à l'occasion des guerres, sentirent leur condition s'adoucir beaucoup chez les chrétiens; car les apôtres, inspirés par l'Esprit-Saint, enseignaient à la vérité aux esclaves à obéir à leurs maîtres temporels comme à Jésus-Christ, et à

---

[1] Ces lettres apostoliques commencent par ces mots en latin : *In supremo.*
Cette traduction a été faite sur l'original.

faire de bon cœur la volonté de Dieu ; mais ils ordonnaient aux maîtres d'en bien agir avec leurs esclaves, de leur accorder tout ce qui était juste et équitable, et de s'abstenir de menaces à leur égard, sachant que les uns et les autres ont un maître dans les cieux, et qu'il n'y a pas auprès de lui acception des personnes.

« Comme la loi de l'Évangile recommandait partout avec grand soin une charité sincère pour tous, et comme notre Seigneur Jésus-Christ avait déclaré qu'il regarderait comme faites ou refusées à lui-même les œuvres de bonté et de miséricorde qui auraient été faites ou refusées aux petits et aux pauvres, il en résulta naturellement, non seulement que les chrétiens traitaient comme des frères leurs esclaves, ceux surtout qui étaient chrétiens, mais qu'ils étaient plus disposés à accorder la liberté à ceux qui le méritaient ; ce qui avait coutume de se faire principalement à l'occasion des solennités pascales, comme l'indique Grégoire de Nysse. Il y en eut même qui, mus par une charité plus ardente, se mirent en esclavage pour racheter les autres, et un homme apostolique, notre prédécesseur, Clément Ier, de sainte mémoire, atteste qu'il en a connu plusieurs.

« Dans la suite des temps, les ténèbres des superstitions païennes s'étant plus pleinement dissipées, et les mœurs des peuples grossiers s'étant adoucies par le bienfait de la foi qui opère par la charité, il arriva enfin que, depuis plusieurs siècles, il ne se trouvait plus d'esclaves dans la plupart des nations chrétiennes. Mais, nous le disons avec douleur, il y en eut depuis, parmi les fidèles même, qui, honteusement aveuglés par l'appât d'un gain sordide, ne craignirent point de réduire en servitude, dans des contrées lointaines, les Indiens, les nègres ou d'autres malheureux, ou bien de favoriser cet indigne attentat en établissant et en étendant le commerce de ceux qui avaient été faits captifs par d'autres. Plusieurs pontifes romains, nos prédécesseurs de glorieuse mémoire, n'omirent point de blâmer fortement, suivant leur devoir, une conduite si dangereuse pour le salut spirituel de ces hommes et si injurieuse au nom chrétien, conduite de laquelle ils voyaient naître ce résultat, que les nations infidèles étaient de plus en plus confirmées dans la haine de notre religion véritable.

« C'est pour cela que Paul III adressa, le 29 mai 1537, au cardinal archevêque de Tolède, des lettres apostoliques sous l'anneau du Pêcheur, et qu'Urbain VIII en adressa ensuite de plus étendues, le 22 avril 1639, au collecteur des droits de la chambre apostolique en Portugal. Dans ces lettres, ceux-là surtout sont gravement réprimandés, qui « présumeraient et oseraient réduire en servitude les Indiens d'occident ou du midi, les vendre, les acheter, les échanger, les donner, les séparer de leurs épouses et de leurs enfants, les dépouiller de ce qu'ils avaient et de leurs biens, les transporter en d'autres lieux, les priver de leur liberté en quelque manière que ce soit, les retenir en esclavage; comme aussi conseiller, sous un prétexte quelconque, de secourir, de favoriser et d'assister ceux qui font ces choses, ou dire et enseigner que cela est permis, ou coopérer en quelque manière à ce qui est marqué ci-dessus. »

Benoît XIV confirma et renouvela depuis les prescriptions de ces pontifes par de nouvelles lettres apostoliques, adressées le 20 décembre 1741 aux évêques du Brésil et d'autres pays, et par lesquelles il excitait la sollicitude de ces prélats dans le même but. Avant eux, un autre de nos prédécesseurs, Pie II, dans un temps où la domination portugaise s'étendait dans la Guinée, pays de nègres, adressa le 7 octobre 1462 un bref à l'évêque de R.[1], qui allait partir pour ce pays, bref dans lequel non seulement il donnait à cet évêque les pouvoirs nécessaires pour exercer son ministère avec plus de fruit, mais, par la même occasion, s'élevait avec force contre les chrétiens qui entraînaient les néophytes en servitude. Et de nos jours même, Pie VII, conduit par le même esprit de religion et de charité que ses prédécesseurs, prit soin d'interposer ses bons offices auprès de puissants personnages pour que la traite des nègres cessât enfin tout à fait parmi les chrétiens. Ces prescriptions et ces soins de nos prédécesseurs n'ont pas été peu utiles, avec l'aide de Dieu, pour défendre les Indiens et les autres ci-dessus désignés contre la cruauté des conquérants ou contre la cupidité des marchands chrétiens ; non cependant que le Saint-Siége ait pu se réjouir pleinement du résultat de ses efforts dans ce but, puisque la traite des

---

[1] Il y a dans le texte *Rubicensem*. Il n'y a pas en Portugal de siége auquel ce nom puisse s'appliquer. Peut-être cet évêque était-il *in part. infid.* Un journal a cru que ce pouvait être l'évêque de Ruvo ; cela n'est pas vraisemblable. Ruvo est dans le royaume de Naples, qui n'avait pas de rapports avec le Portugal. D'ailleurs, le nom latin de l'évêque de Ruvo est *Rubensis*, et l'évêque désigné dans les *Lettres apostoliques* du 3 décembre est appelé *Rubicensis*.

noirs, quoique diminuée en quelque partie, est cependant encore exercée par plusieurs chrétiens.

« Aussi, voulant éloigner un si grand opprobre de tous les pays chrétiens, après avoir mûrement examiné la chose avec quelques-uns de nos vénérables frères les cardinaux de la sainte Église romaine appelés en conseil, marchant sur les traces de nos prédécesseurs, nous avertissons par l'autorité apostolique et nous conjurons instamment dans le Seigneur tous les fidèles, de quelque condition que ce soit, qu'aucun d'eux n'ose à l'avenir tourmenter injustement les Indiens, les nègres ou autres semblables, ou les dépouiller de leurs biens ou les réduire en servitude, ou assister ou favoriser ceux qui se permettent ces violences à leur égard, ou exercer ce commerce inhumain par lequel les nègres, comme si ce n'étaient pas des hommes, mais de simples animaux, réduits en servitude de quelque manière que ce soit, sont, sans aucune distinction et contre les droits de la justice et de l'humanité, achetés, vendus et voués quelquefois aux travaux les plus durs, et de plus, par l'appât du gain offert par ce même commerce aux premiers qui enlèvent les nègres, des querelles et des guerres perpétuelles sont excitées dans leur pays.

« De l'autorité apostolique, nous réprouvons tout cela comme indigne du nom chrétien, et par la même autorité nous défendons sévèrement qu'aucun ecclésiastique ou laïque ose soutenir ce commerce des nègres sous quelque prétexte ou couleur que ce soit, ou prêcher ou enseigner en public et en particulier contre les avis que nous donnons dans ces Lettres apostoliques.

« Et afin que ces lettres parviennent plus facilement à la connaissance de tous et que personne ne puisse alléguer qu'il les ignore, nous ordonnons qu'elles soient publiées, suivant l'usage, par un de nos *courriers*, aux portes de la basilique du prince des apôtres, de la chancellerie apostolique et de la Cour générale, sur le mont *Citorio*, et à la tête du Champ-de-Flore, et que les exemplaires y restent affichés.

« Donné à Rome, près Sainte-Marie-Majeure, sous l'anneau du Pêcheur, le 3 décembre 1839, neuvième année de notre pontificat. »   Louis, *card.* Lambruschini.

Note N. — *Page 94.*

Dieu a fait l'homme pour le rendre heureux.

DIEU, étant tout amour et d'une sagesse infinie, a dû nécessairement avoir un but en créant le monde, et ce but a dû être essentiellement bon et digne de lui.

Dieu n'a point créé pour sa gloire, ni pour son bonheur; car sa gloire est immense et ne peut lui venir que de lui-même, et son bonheur est souverain et ne peut nullement s'accroître ni diminuer.

Ce n'est donc que dans notre intérêt, et pour nous rendre heureux, que Dieu a créé toutes choses.

Nous voyons qu'une grande partie des œuvres de Dieu dans la Création sont inanimées, insensibles, et par conséquent incapables de bonheur. Mais il est évident que toutes ces choses ont été faites pour entretenir la vie des êtres animés et sensibles, et contribuer à leur bonheur, et principalement pour l'homme, qui est le seul être dans la Création capable de s'élever, par la pensée, jusqu'à Dieu, de le connaître et de l'aimer, et qui seul a été créé à l'image et ressemblance de Dieu.

Le soleil n'est pas heureux de sa lumière, ni les étoiles de leur splendeur, ni le firmament de sa couleur bleue;

mais nous sommes heureux de les voir et d'en jouir, et nous disons, avec l'Écriture : « Que la lumière est douce, « et qu'il est agréable aux yeux de voir le soleil ! » (Eccl., XI, 7.)

Ainsi, nous arrivons à cette vérité que le but que Dieu s'est proposé dans la Création a été principalement de rendre l'homme heureux. Et nous pouvons bien conclure de là que *tout a été fait pour l'homme* dans la Création, et que *l'homme a été fait pour Dieu*, qui l'a par conséquent destiné à un bonheur sans fin.

L'homme doit donc se dire chaque jour, comme David dans un doux transport de reconnaissance et de sainte allégresse :

« Que rendrai-je au Seigneur pour tous les biens qu'il m'a « faits ? » (Ps. 115).

Note O. — *Page 94.*

IMMORTALITÉ DE L'AME.

Les preuves de l'IMMORTALITÉ de l'AME sont fort nombreuses. Nous nous bornons cependant à en rapporter ici seulement quelques-unes de celles que nous croyons les plus solides et à la portée de tous les esprits.

NOTRE AME EST IMMORTELLE :

1° Parce qu'elle est *esprit*, et que l'esprit n'ayant point de parties matérielles, ne peut se décomposer, se corrompre, ni s'anéantir ;

2° Parce qu'aucun être matériel ne s'anéantissant dans toute la nature, comme nous le prouve l'expérience, à plus forte raison l'âme de l'homme, qui est esprit et intelligence, l'être le plus noble et le plus admirable de la Création, seul capable de connaître Dieu et de l'aimer, de mériter ou démériter, ne doit certainement pas périr ;

3° Nous voyons qu'il y a dans le monde des hommes méchants et des hommes vertueux, et que presque toujours les méchants sont dans la joie et dans la prospérité, et que la vertu est, au contraire, presque toujours et partout opprimée et persécutée.

Il faut donc bien qu'il y ait, après celle-ci, une autre vie où justice doit être rendue pour donner à chacun selon ses œuvres et ses mérites. Autrement Dieu ne serait point juste ; il serait même d'une cruauté inconcevable s'il n'y avait pour l'âme un autre avenir.

Ce qui prouve encore l'immortalité de notre âme, c'est qu'il y a en elle un désir ardent du bonheur, d'un bonheur sans bornes comme sans fin, et que rien sur la terre ne peut entièrement la satisfaire.

« Il est certain, dit l'auteur du *Génie du Christianisme*, que
« l'âme désire éternellement. A peine a-t-elle obtenu l'objet
« de sa convoitise, qu'elle demande encore ; l'univers entier
« ne la satisfait point.

« L'infini est le seul champ qui lui convient ; elle aime à se
« perdre dans les nombres, à concevoir les plus grandes comme
« les plus petites dimensions.

« Enfin, gonflée et non rassasiée de ce qu'elle a dévoré, elle
« se précipite dans le sein de Dieu, où viennent se réunir les
« idées de l'infini, en perfection, en temps, en espace ; mais
« elle ne se plonge dans la Divinité, que parce que cette Divi-
« nité est pleine de ténèbres, et qu'*elle est cachée* à nos yeux,
« selon l'expression du prophète Isaïe.

« Si l'âme obtenait une vue distincte de la Divinité, elle la
« dédaignerait comme tous les objets qu'elle mesure ; on
« pourrait même dire que ce serait avec quelque raison, car si
« l'âme expliquait bien le principe éternel, elle serait ou supé-
« rieure à ce principe, ou du moins son égale.

« Il n'en est pas de l'ordre des choses divines comme de
« l'ordre des choses humaines. Une âme peut comprendre la

« puissance d'un roi sans être roi ; mais un homme qui com-
« prendrait Dieu serait Dieu.

« Les animaux ne sont point troublés dans cette espérance
« que manifeste le cœur de l'homme ; ils atteignent sur-le-
« champ à leur suprême bonheur. Un peu d'herbe satisfait
« l'agneau ; un peu de sang rassasie le tigre. » Quelques
herbes ou des graines suffisent aux désirs des oiseaux des forêts, et leur doux ramage chante leur parfait bonheur et les grandeurs de celui qui leur donna l'existence.

« S'il est impossible de nier que l'homme espère jusqu'au
« tombeau ; s'il est certain que les biens de la terre, loin de
« combler nos souhaits, ne font que creuser l'âme et en
« augmenter le vide, il faut en conclure qu'il y a quelque
« chose au-delà du temps. »

Oui, elle est immortelle notre âme ; son Dieu créateur a gravé en elle son image ;... elle ne périra pas.

Oui, elle est immortelle « cette *libre pensée humaine*, rayon descendu du foyer divin, plus grand que le monde, plus noble et plus lumineux que le soleil qui le couvre de ses feux.

Non, elle ne sera point anéantie cette pensée humaine, qui seule a reçu la confidence de la Création et le soin de la développer dans ses plans secondaires ; cette pensée qui paraît avoir été introduite dans l'Univers pour que toutes ses merveilles pussent être comprises, pour que Dieu fût admiré dans ses œuvres et continué dans ses desseins.

L'âme de l'homme est un ange du ciel exilé sur cette vallée des pleurs. Mais le jour de sa mort viendra, et ce jour sera le moment de sa vie et de sa délivrance. Après avoir « passé à travers les déserts du tombeau, » il remontera, cet ange terrestre, vers la CÉLESTE IMMORTALITÉ d'où il était descendu.

Note P. — *Page 96.*

DEVOIRS DE L'HOMME.

Dieu a créé l'homme et l'a comblé de bienfaits.

Tous les hommes sont enfants d'un même père, qui est Adam, premier homme, que Dieu a créé.

L'homme a donc essentiellement des devoirs à remplir envers Dieu et envers ses semblables.

Devoirs envers Dieu.

L'homme doit nécessairement aimer Dieu au-dessus de toutes choses, parce que Dieu est infiniment bon, infiniment parfait, et qu'il est son créateur et son bienfaiteur.

« Dieu est esprit, et l'homme doit l'aimer en « *esprit et en vérité.* » (Jean, IV, 24.)

Cet amour qu'il doit à Dieu, l'homme doit aussi le manifester :

Par son *culte*, en adorant Dieu par des actes extérieurs en particulier et en public.

Par sa *foi*, en croyant aux vérités que Dieu a révélées.

Par *sa soumission* et par *son obéissance* à la loi que Dieu nous a donnée par Moïse, et que Jésus, dans sa mission divine, nous a ordonné de nouveau d'accomplir.

A cause des suites du péché originel, nous ne pouvons rien par nous-mêmes; mais nous pouvons tout avec la grâce et l'aide de Dieu, par les mérites de Jésus-Christ.

Nous avons, par conséquent, besoin de recourir à Dieu par la prière en toute occasion, et par les sacrements; car la *prière* et les *sacrements* sont comme les deux canaux par lesquels Dieu nous communique sa grâce pour faire le bien.

Jésus-Christ nous a ordonné la prière, et nous en donne le meilleur modèle dans l'oraison qu'il apprit à ses apôtres, et que nous connaissons sous le nom d'*Oraison Dominicale*.

Elle commence par ces mots :

« Notre Père, qui êtes aux cieux. »

Comme le début de cette prière est touchant, admirable! Ces paroles : « *Notre Père*, » expriment d'une manière frappante le génie et l'esprit du Christianisme, en nous apprenant que Dieu est le Père commun de tous les hommes, et que, par conséquent, tous les hommes ne sont qu'une assemblée de frères, une famille universelle.

L'âme recueillie devant Dieu, en répétant ces paroles : « *Notre Père*, » éprouve une émotion douce et profonde, et, dans son exil sur cette terre des pleurs, elle sent renaître en elle-même *amour, consolation, espérance*.

Dans cette prière de l'*Oraison Dominicale*, l'on demande que le nom de Dieu soit loué et vénéré de tous les hommes, que sa foi et sa morale, sa loi et ses lumières se répandent partout et qu'elles règnent sur la terre entière.

Nous y demandons aussi toutes les choses nécessaires au soutien de la vie et le pardon de nos offenses.

La confiance que nous avons en Dieu pour obtenir de lui le pardon de nos offenses est basée sur l'infinie miséricorde de Dieu et sur les mérites de Jésus, dont la mission sur la terre a eu pour but *le pardon des péchés du monde.* Elle est basée également sur le grand devoir que le Rédempteur des hommes a enseigné le premier, *l'oubli des injures, le pardon des ennemis.*

Nous y demandons enfin que Dieu nous éloigne du mal, et qu'il nous en délivre si nous nous en approchons.

Cette prière (l'Oraison Dominicale) est appropriée, comme on le voit, à tous les hommes, à tous les peuples divers et à tous leurs besoins. Cela ne doit point nous étonner, puisque Jésus lui-même en est l'auteur, lui qui est Dieu, et *qui sait mieux que nous ce dont nous avons besoin.*

Nous devons aussi être toujours résignés à la volonté de Dieu dans toutes les vicissitudes de la vie, et lui témoigner en toutes choses notre reconnaissance, parce que Dieu est infiniment bon, infiniment juste, et que tout ce qu'il fait est pour notre bien.

Nous devons penser souvent que Dieu est partout, et qu'il nous est toujours présent. Cette idée de la *présence de Dieu* sera comme la sauvegarde de notre conduite envers lui; elle rendra nos devoirs plus faciles, nos joies plus pures, nos peines moins lourdes.

Pénétré de ces sentiments et de la haute importance de nos devoirs envers Dieu, nous ne devons pas oublier de répéter souvent ces paroles que Jésus disait la veille de sa passion :

« Je ne suis point seul, car le Père est avec moi. » (Jean, XVI, 32.)

« Dieu n'est pas loin de chacun de nous. » (Act., XVII, 27.)

Devoirs envers nos semblables.

Parmi les devoirs que l'homme a à remplir envers ses semblables, on doit placer en première ligne les devoirs des pères et mères envers leurs enfants, et ceux de ces derniers envers leurs pères et mères.

Devoirs des pères et mères envers leurs enfants.

Les pères et mères doivent s'occuper soigneusement à donner à leurs enfants une bonne éducation, selon leurs moyens, en les élevant dans l'amour et la crainte de Dieu, et leur donnant le bon exemple en toutes choses.

L'apôtre saint Paul a dit :

« Pères, n'aigrissez point vos enfants, mais élevez-les en
« les instruisant et les avertissant selon le Seigneur. » (Eph., VI, 4.)

Nous lisons aussi dans la loi ancienne les paroles suivantes :

« Tu inculqueras les commandements de Dieu à tes en-
« fants. » (Deut., VI, 7.)

Ces devoirs que les pères et mères ont à remplir envers

leurs enfants sont de la plus haute importance, puisque de leur exact accomplissement dépendent, non seulement le bien-être moral et matériel de l'individu et de la famille, mais encore, la paix, le bon ordre et le bien-être des peuples, de la société tout entière.

Les pères et mères qui négligent des devoirs si importants, sous tous les rapports, se rendent coupables devant Dieu et devant les hommes, et ils ne sauraient échapper à une double punition d'une négligence aussi criminelle, par les peines qu'ils en éprouveront infailliblement en ce monde et dans l'avenir.

Un jeune homme qui arrive dans la société, ignorant ou mal élevé, n'est qu'un fléau de plus dans cette même société humaine, qu'accablent tant de maux et de misères.

Mais un homme bien élevé, bon chrétien et bon citoyen, est le plus beau cadeau, le présent le plus précieux qu'un père et une mère puissent faire à la Religion, à la Patrie, et, nous pouvons même dire, à la société humaine tout entière; car *l'éclat de la science,* et surtout *l'éclat de la vertu,* sont comme les rayons du soleil, ils répandent au loin et portent partout avec leur lumière la vie et le bonheur.

Ce que nous disons ici de l'éducation des hommes doit également s'appliquer à l'éducation des femmes, qui, par leurs vertus et leur ascendant naturel sur l'homme, peuvent être aussi utiles, et dignes d'autant de gloire, dans l'intérieur de leur vie domestique et de leur ménage, que peuvent l'être les hommes dans les travaux de leurs grandes et prodigieuses entreprises, sur le théâtre du monde.

Il est donc bien à désirer que l'éducation de la femme, dans l'intérêt de la Religion et pour le bien-être général de la société, soit complète et fort bien soignée.

Devoirs des enfants envers leurs pères et mères.

Les enfants doivent, après Dieu, aimer leurs pères et leurs mères; leur être soumis et obéissants et les assister dans leurs besoins.

Voici comment s'exprime, à ce sujet, l'apôtre saint Paul :

« Enfants, obéissez à vos pères et mères selon le Seigneur;
« car cela est juste. *Honore ton père et ta mère* est le premier
« commandement qui ait une promesse. » (Eph., VI, 1, 2, 5.)

Le même apôtre dit ailleurs :

« Que les enfants apprennent, avant toutes choses, à exer-
« cer leur piété envers leur propre famille, et à rendre la pa-
« reille à ceux qui leur ont donné la vie, car cela est bon et
« agréable à Dieu. » (I. Tim., V, 4.)

Entre frères et sœurs, il doit y avoir une tendresse et une confiance mutuelles. « Dieu hait celui qui sème les querelles entre les frères. » (Prov., VI, 19.)

Devoirs des supérieurs envers leurs inférieurs, et de ceux-ci envers leurs supérieurs.

Le supérieur doit toujours traiter son inférieur avec équité et avec douceur.

Voici, à ce sujet, l'enseignement du grand apôtre :

« Maîtres, modérez vos menaces envers vos serviteurs, sa-
« chant que vous avez aussi bien qu'eux le même maître dans
« le ciel, et que devant lui il n'y a point acception des per-
« sonnes. » (Eph., VI, 9.)

Le même apôtre a dit aussi :

« Rendez à vos serviteurs ce qui est de la justice et de l'é-
quité. » (Coloss., IV, 1.)

Les inférieurs doivent à leurs supérieurs respect, obéissance, et fidélité en tout ce qui est bon et selon la loi de Dieu. Ils doivent aussi écouter leurs avis et leurs conseils, et leur en témoigner leur reconnaissance en paroles et en actions.

Parmi les devoirs en général des inférieurs envers les supérieurs, doivent être compris les devoirs que nous avons à remplir envers l'autorité.

Nous devons à l'autorité respect et obéissance, parce que Dieu nous l'ordonne, et que cela est nécessaire pour le maintien de la paix, et de l'ordre public et universel.

Jésus-Christ a dit à ce sujet :

« Rendez ce qui est à César à César, et ce qui est à Dieu à
« Dieu. » (Matt., XXII, 21.)

Saint Paul a dit aussi :

« *Obedite præpositis vestris ;* » et ailleurs : « Que toute
« personne soit soumise aux puissances ; car il n'y a point de
« puissance qui ne vienne de Dieu. » (Rom., XII, 1, 2.)

Ce devoir embrasse, dans l'intérêt commun, l'affection et le dévouement que nous devons avoir pour notre patrie. Nous devons suivre en cela l'exemple de Jésus-Christ qui a aimé en particulier le pays où il est né, et Jésus a pleuré sur les malheurs de Jérusalem et sur les maux qui la menaçaient. (Matth. XXIII, 37.)

Devoirs envers le prochain en général.

Jamais il n'est permis de prendre le bien d'autrui, ni de le retenir injustement. Dieu le défend expressément dans le dixième commandement de sa loi.

Nous ne devons porter aucun préjudice à notre prochain, ni attenter à son honneur, ni à sa vie.

Il est, au contraire, de notre devoir de secourir les pauvres, consoler les affligés, instruire les ignorants.

Jésus est le roi de paix, *rex pacificus*; il nous a donné la paix, il veut que la paix règne parmi les hommes, qui sont tous frères.

Saint Paul dit à ce sujet :

« S'il se peut faire, et autant qu'il dépend de nous, il faut
« avoir la paix avec tous les hommes. » (Rom., XII, 18.)

Si, malgré nos bons procédés et nos efforts, il se trouve des hommes qui se font nos ennemis, nous ne devons rien négliger pour parvenir à une réconciliation honorable et sincère. Nous devons pardonner à nos ennemis du fond de notre cœur. Jésus nous en a donné l'exemple en pardonnant à ses persécuteurs et à ceux qui l'ont mis à mort.

« Si vous pardonnez aux hommes leurs offenses, a dit Jésus
« Christ, votre Père céleste vous pardonnera aussi les vôtres ;
« mais si vous ne pardonnez pas aux hommes leurs offenses,

« votre Père ne vous pardonnera non plus les vôtres. » (Matth.
« vi, 14, 15.)

Jésus dit aussi ailleurs :

« Aimez vos ennemis, bénissez ceux qui vous maudissent,
« et priez pour ceux qui vous outragent et vous persécutent. »
(Matth., v, 44.)

Le grand apôtre nous exhorte aussi à ne jamais rendre le
mal pour le mal, et à répondre aux injures par des bienfaits :

« Ne rendez à personne le mal pour le mal, ne vous laissez
« point surmonter par le mal, mais surmontez le mal par le
« bien. » (Rom., xii, 17, 21.)

Note PP. — *Page 98.*

Saint-Domingue.

A l'instant même où nous traçons ces lignes, la malheureuse Haïti est en butte à des factions incessantes, aux déchirements politiques qui l'accablent, sous le poids de l'anarchie et d'une effroyable détresse. Les populations esclaves de Saint-Domingue avaient commis la faute immense de *trop se hâter*, et d'arriver à la liberté en passant par des fleuves de sang !... elles ont dû en subir les conséquences. C'est un enfant au berceau qui a voulu se nourrir imprudemment du pain des forts, c'est un aveugle qui a voulu marcher sur l'abîme *sans guide* et *sans soutien*, et il est tombé... tombé bien bas !... Et il n'a rien, rien autour de lui qui puisse percer l'abîme et le relever de sa chute !

Il n'y a pour Saint-Domingue qu'un moyen de salut : Afin d'être *réellement libre et heureuse, il faut que Haïti tende ses mains vers la France, son antique patrie* ; il faut que cette grande île de l'Atlantique, qui recèle dans son sein des richesses immenses et tant de germes féconds de prospérité, devienne *une province de la France,* et que celle-ci lui donne avec une sollicitude maternelle ses lois, sa protection, ses lumières et tous les bienfaits de la religion. Ainsi, et *seulement ainsi* la malheureuse Haïti pourra sortir du profond abîme de ses maux et être *rappelée à la vie*, à une sage et complète jouissance de la liberté et de la civilisation européenne.

Sauver un peuple qui te fit tant de mal.... *un peuple jadis rebelle*, et maintenant si malheureux..... ô France, quelle couronne pour ta gloire ! Ce serait, presque à 'la lettre, la magnifique et touchante histoire de l'Enfant prodigue et du Père de famille, dont parle l'Évangile, où le divin Sauveur nous a si vivement tracé le tableau de son immense charité et de sa miséricorde envers les hommes.

Note Q. — *Page* 120.

DES MARIAGES DANS LES COLONIES.

Les Notices statistiques de nos trois grandes colonies, Martinique, Guadeloupe et Bourbon, nous donnent, pour le chiffre de leur population et le nombre des mariages, les tableaux suivants :

MARTINIQUE.

Au 31 décembre 1835, la population de la Martinique s'élevait à 116,031 individus, dont 37,955 libres, et 78,076 esclaves. Dans le chiffre total des individus :

La population blanche est de environ. . . . 9,000
Celle de la classe de couleur libre, et des noirs affranchis est de environ. 29,000

En l'année 1835, la population de la Martinique a présenté les mouvements suivants, à l'égard des mariages :

Mariages de { la population blanche. 65
la population de couleur et des noirs libres. 131
la population esclave. 14

Total. 210

Ce qui donne à peu près :

Un mariage { sur 137 blancs.
sur 221 individus de couleur et noirs libres.
sur 5,577 esclaves.

Ainsi, d'après ces données, qui sont très positives, il s'est fait à la Martinique :

Dans la population libre (qui, comme nous venons de le voir, s'élève à 37,955 individus). . . . . 196 mariages.

Et dans la population esclave (qui est de 78,076 individus), il y a eu seulement. . . . . . . 14 mariages.

GUADELOUPE.

En 1835, la population de la Guadeloupe avec ses dépendances s'élevait à 127,574 individus, dont 31,252 libres, et 96,322 esclaves.

Dans le chiffre total des individus, la population blanche est d'environ. 11,500

Celle de la classe de couleur libre et des noirs affranchis est de. 19,500

En l'année 1835, la Guadeloupe a présenté, relativement aux mariages, les mouvements suivants :

Mariages { dans la population libre (qui est de 31,252 individus. 198
dans la population esclave (qui est de 96,322 individus). 14

Total. . . 212

Bourbon.

En 1836, la population de la colonie de Bourbon s'élevai à 106,099 individus, dont 36,803 libres et 69,296 esclaves.

En l'année 1836 il s'est fait à Bourbon :

Dans la population libre (qui est de 36,803 individus). . . . . 284 mariages.

Dans la population esclave (qui est de 69,296), la statistique porte. . . . . 0 mariages.

———⊷⊱⊰⊶———

*En résumé, il s'est fait dans le courant de l'année de 1835, à la Martinique, dans la population des affranchis, qui est de 29,000 individus. . . . . 131 mariages.

Tandis que dans la population esclave, qui est de 78,076 individus, il y a eu seulement, cette même annnée. . . .
14 mariages.

* Il s'en est fait à la Guadeloupe, à peu près dans les mêmes proportions qu'à la Martinique.

* Pour l'île Bourbon, la statistique ne porte pour le mouvement des mariages que 0.

———⊷⊱⊰⊶———

D'après ce tableau statistique, dont on peut garantir toute l'exactitude, il est bien positivement démontré qu'il se fait beaucoup de mariages (religieux) parmi les affranchis, et qu'il ne s'en fait que très peu, ou presque pas parmi la population esclave. Nous avons indiqué plus haut, au chapitre VI, quelles sont les causes de cette situation désolante des esclaves, à l'égard des mariages. L'on peut (et cela est même une chose *urgente* et absolument nécessaire) s'occuper sérieusement et avec le plus grand soin de préparer, dès ce moment, les esclaves au mariage ; mais il ne faut cependant espérer d'obtenir en cela de grands succès qu'après l'Émancipation. Nous croyons pouvoir assurer, comme cela peut facilement se concevoir, que, *tant qu'ils seront dans leur état d'esclavage, les Nègres auront une grande aversion pour le mariage ; mais qu'après leur affranchissement, ils y seront au contraire très disposés, et formeront de bons et excellents ménages,* comme il y en a déjà beaucoup dans toutes nos colonies.

Note R. — *Page* 177.

ZÈLE ET SUCCÈS DES RELIGIEUX-MISSIONNAIRES EN AMÉRIQUE, DÈS LE XVIe SIÈCLE.

Voici comment un illustre écrivain nous fait le récit de quelques traits héroïques du zèle de nos Religieux missionnaires prêchant la religion dans le Nouveau-Monde, pour la conversion des idolâtres et pour la délivrance des esclaves :

« Les anciennes relations nous les représentent un bréviaire sous le bras gauche, une grande croix à la main droite, et sans autre provision que leur confiance en Dieu. Elles nous les peignent se faisant jour à travers les forêts, marchant dans les terres marécageuses, où ils avaient de l'eau jusqu'à la ceinture, gravissant des roches escarpées, et furetant dans les antres et les précipices, au risque d'y trouver des serpents et des bêtes féroces, au lieu des hommes qu'ils y cherchaient.

« Plusieurs d'entre eux y moururent de faim et de fatigue ; d'autres furent massacrés et dévorés par les Sauvages. Un religieux fut trouvé percé de flèches sur un rocher.... Quand un Missionnaire rencontrait ainsi les restes d'un de ses compagnons, il s'empressait de leur rendre les honneurs funèbres ; et, plein d'une grande joie, il chantait un *Te Deum* solitaire sur le tombeau du martyr.

« De pareilles scènes, renouvelées à chaque instant, étonnaient les hordes barbares ; quelquefois elles s'arrêtaient autour du prêtre inconnu qui leur parlait de Dieu et leur montrait le Ciel ; quelquefois elles le fuyaient.... et se sentaient saisies d'une frayeur étrange : le religieux les suivait en leur tendant les mains au nom de Jésus-Christ. S'il ne pouvait les arrêter, il plantait sa Croix dans un lieu découvert, et s'allait cacher dans les bois. Les Sauvages s'approchaient peu à peu pour examiner l'*étendard de paix* élevé dans la solitude : un aimant secret semblait les attirer à *ce signe de leur salut*. Alors le Missionnaire sortant tout à coup de son embuscade, et profitant de la surprise des Barbares, les invitait à quitter une vie misérable, pour jouir des douceurs de la société.

« Quand les Missionnaires se furent attaché quelques Indiens, ils eurent recours à un autre moyen pour gagner des âmes. Ils avaient remarqué que les Sauvages de ces bords étaient fort sensibles à la musique.... Les Missionnaires s'embarquèrent donc sur des pirogues avec les nouveaux catéchumènes ; ils remontèrent les fleuves en chantant des cantiques. Les néophytes répétaient les airs, comme des oiseaux privés chantent pour attirer dans les rets de l'oiseleur les oiseaux sauvages. Les Indiens ne manquèrent point de se venir prendre au doux piége. Ils descendaient de leurs montagnes, et accouraient au bord des fleuves pour mieux écouter ces accents : plusieurs d'entre eux se jetaient dans les ondes et suivaient à la nage la nacelle enchantée. L'arc et la flèche échappaient à la main du Sauvage : l'avant-goût des vertus sociales, et les premières douceurs de l'humanité, entraient dans son âme confuse; il voyait sa femme et son enfant pleurer d'une joie inconnue; bientôt subjugué par un attrait irrésistible, il tombait au pied de la Croix, et mêlait des torrents de larmes aux eaux régénératrices qui coulaient sur sa tête !

« Ainsi la religion chrétienne réalisait dans les forêts de l'Amérique ce que la fable raconte des Amphion et des Orphée : « Réflexion si naturelle, qu'elle s'est présentée même « aux Missionnaires [1] ; » tant il est certain qu'on ne dit ici que la vérité, en ayant l'air de raconter une fiction. »

---

[1] Charlevoix.

Note S. — *Page 34.*

DE LA DIVINITÉ DE JÉSUS-CHRIST.

C'est avec un sentiment profond de joie et de consolation, que nous allons citer ici, à l'égard de Jésus-Chris, les paroles d'un homme qui fit naguère l'étonnement de tous les peuples, autant par la force et l'étendue de son génie, que par la magnificence de son règne et l'éclat de ses triomphes qui sont uniques dans les fastes de l'histoire, et demeureront un monument impérissable des plus grandes gloires de la France. C'est l'empereur Napoléon qui, en parlant avec les généraux, ses compagnons d'infortune, à Sainte-Hélène, sur *la divinité de Jésus-Christ,* s'exprime dans les termes suivants :

« Il est vrai que le Christ propose à notre foi une série de mystères. Il commande avec autorité d'y croire, sans donner d'autres raisons que cette parole épouvantable : *Je suis Dieu!*

« Sans doute il faut la foi pour cet article-là, qui est celui duquel dérivent tous les autres articles. Mais le caractère de divinité du Christ une fois admis, la doctrine chrétienne se présente avec la précision et la clarté de l'algèbre ; il faut y admirer l'enchaînement et l'unité d'une science.

« Appuyée sur la Bible, cette doctrine explique le mieux les traditions du monde; elles les éclaircit, et les autres dogmes s'y rapportent étroitement comme les anneaux scellés d'une même chaîne. L'existence du Christ, d'un bout à l'autre, est un tissu tout mystérieux, j'en conviens; mais ce mystère répond à des difficultés qui sont dans toutes les existences; rejetez-le, le monde est une énigme; acceptez-le, vous avez une admirable solution de l'histoire de l'homme.

« Le christianisme a un avantage sur tous les philosophes et sur toutes les religions; les chrétiens ne se font pas illusion sur la nature des choses. On ne peut leur reprocher ni la subtilité ni le charlatanisme des idéologues, qui ont cru résoudre la grande énigme des questions théologiques avec de vaines dissertations sur ces grands objets. Insensés! dont la folie ressemble à celle d'un enfant qui veut toucher le ciel avec sa main, ou qui demande la lune pour son jouet ou sa curiosité.

« Le christianisme dit avec simplicité : *Nul homme n'a vu Dieu, si ce n'est Dieu.* Dieu a révélé ce qu'il était; sa révélation est un mystère que la raison ni l'esprit ne peuvent concevoir, mais puisque Dieu a parlé, il faut y croire : cela est d'un grand bon sens.

« L'Évangile possède une vertu secrète, je ne sais quoi d'efficace, une chaleur qui agit sur l'entendement et qui charme le cœur; on éprouve à le méditer ce qu'on éprouve à contempler le ciel. L'Évangile n'est pas un livre, c'est un ÊTRE VIVANT, avec une action, une puissance, qui envahit tout ce qui s'oppose à son extension. Le voici sur cette table, CE LIVRE PAR EXCELLENCE (et ici l'empereur le toucha avec respect); je ne me lasse pas de le lire, et tous les jours avec le même plaisir.

« Le Christ ne varie pas, il n'hésite jamais dans son enseignement, et la moindre affirmation de lui est marquée d'un cachet de simplicité et de profondeur qui captive l'ignorant et le savant, pour peu qu'ils y prêtent leur attention.

« Nulle part on ne trouve cette série de belles idées, de belles maximes morales, qui défilent comme les bataillons de la milice céleste, et qui produisent dans notre âme le même sentiment que l'on éprouve à considérer l'étendue infinie du ciel, resplendissant, par une belle nuit d'été, de tout l'éclat des astres.

« Non seulement notre esprit est préoccupé, mais il est dominé par cette lecture, et jamais l'âme ne court risque de s'égarer avec ce livre.

« Une fois maître de notre esprit, l'Évangile captive notre cœur. Dieu même est notre ami, notre père et vraiment notre Dieu. Une mère n'a pas plus de soin de l'enfant qu'elle allaite. L'âme séduite par la beauté de l'Évangile ne s'appartient plus; Dieu s'en empare tout à fait; il en dirige les pensées et toutes les facultés; elle est à lui.

« Quelle preuve de la divinité du Christ! Avec un empire aussi absolu, il n'a qu'un seul but, l'amélioration spirituelle des individus, la pureté de la conscience, l'union à ce qui est vrai, la sainteté de l'âme.

« Enfin, et c'est mon dernier argument, il n'y a pas de Dieu dans le ciel, si un homme a pu concevoir et exécuter avec un plein succès le dessein gigantesque de dérober pour lui le culte suprême, en usurpant le nom de Dieu. Jésus est le seul qui ait dit clairement, affirmé imperturbablement lui-même de lui-même : *Je suis Dieu.* Ce qui est bien différent de cette affirmation : *Je suis un Dieu,* ou de cette autre : *Il y a des Dieux.* L'histoire ne mentionne aucun autre individu qui se soit qualifié lui-même de ce titre de Dieu dans le sens absolu. La fable n'établit nulle part que Jupiter et les autres dieux se soient eux-mêmes divinisés ; c'eût été de leur part le comble de l'orgueil, et une monstruosité, une extravagance absurde. C'est la postérité, ce sont les héritiers des premiers despotes qui les ont déifiés. Tous les hommes étant d'une même race, Alexandre a pu se dire le fils de Jupiter. Mais toute la Grèce a souri de cette supercherie; et de même l'apothéose des empereurs romains n'a jamais été une chose sérieuse pour les Romains. Mahomet et Confucius se sont donnés simplement pour des agents de la divinité. La déesse Egérie de Numa n'a jamais été que la personnification d'une inspiration puisée dans la solitude des bois. Les dieux Brama de l'Inde sont une invention psychologique.

« Comment donc un juif, dont l'existence historique est plus avérée que toutes celles des temps où il a vécu, lui seul, fils d'un charpentier, se donne-t-il tout d'abord pour Dieu même, pour l'être par excellence, pour le créateur de tous les êtres? Il s'arroge toutes les sortes d'adoration. Il bâtit son culte de ses mains, non avec des pierres, mais avec des hommes. On s'extasie sur les conquêtes d'Alexandre. Eh bien ! voici un conquérant qui confisque à son profit, qui incorpore à lui-même, non pas une nation, mais l'espèce humaine. Quel miracle! l'âme humaine, avec toutes ses facultés, devient une annexe de l'existence du Christ.

« Et comment? par un prodige qui surpasse tout prodige. Il veut l'amour des hommes, c'est-à-dire ce qu'il est le plus difficile au monde d'obtenir : ce qu'un sage demande vainement à ses amis, un père à ses enfants, une épouse à son époux, un frère à son frère, en un mot, LE CŒUR : c'est là ce qu'il veut pour lui, il l'exige absolument, et il réussit tout de suite. J'en conclus sa divinité. Alexandre, César, Annibal, Louis XIV, avec tout leur génie, y ont échoué. Ils ont conquis le monde, et ils n'ont pu parvenir à avoir un ami. Je suis peut-être le seul de nos jours qui aime Annibal, César, Alexandre..... Le grand Louis XIV, qui a jeté tant d'éclat sur la France et dans le monde, n'avait pas un ami dans tout son royaume, même dans sa famille.

« Il est vrai, nous aimons nos enfants : pourquoi? Nous obéissons à un instinct de la nature, à une volonté de Dieu, à une nécessité que les bêtes elles-mêmes reconnaissent et remplissent; mais combien d'enfants qui restent insensibles à nos caresses, à tant de soins que nous leur prodiguons! Combien d'enfants ingrats! Vos enfants, général Bertrand, vous aiment-ils? Vous les aimez, et vous n'êtes pas sûr d'être payé de retour... Ni vos bienfaits ni la nature ne réussiront jamais à leur inspirer un amour tel que celui des chrétiens pour Dieu! Si vous veniez à mourir, vos enfants se souviendraient de vous en dépensant votre fortune, sans doute; mais vos petits-enfants sauraient à peine si vous avez existé... Et vous êtes le général Bertrand! Et nous sommes dans une île, et vous n'avez d'autre distraction que la vue de votre famille !

« Le Christ parle, et désormais les générations lui appartiennent par des liens plus étroits, plus intimes que ceux du sang ; par une union plus sacrée, plus impérieuse que quelque union que ce soit. Il allume la flamme d'un amour qui fait mourir l'amour de soi, qui prévaut sur tout autre amour.

« A ce miracle de sa volonté, comment ne pas reconnaître LE VERBE, créateur du monde ?

« Les fondateurs de religions n'ont pas même eu l'idée de cet amour mystique, qui est l'essence du christianisme, sous le beau nom de charité.

« C'est qu'ils n'avaient garde de se lancer contre un écueil. C'est que, dans une opération semblable : *se faire aimer*, l'homme porte en lui-même le sentiment profond de son impuissance.

« Aussi le plus grand miracle du Christ, sans contredit, c'est le règne de la charité.

« Lui seul, il est parvenu à élever le cœur des hommes jusqu'à l'invisible, jusqu'au sacrifice du temps ; lui seul, en créant cette immolation, a créé un lien entre le ciel et la terre.

« Tous ceux qui croient sincèrement en lui ressentent cet amour admirable, surnaturel, supérieur, phénomène inexplicable, impossible à la raison et aux forces de l'homme ; feu sacré donné à la terre par ce nouveau Prométhée, dont le temps, ce grand destructeur, ne peut ni user la force ni limiter la durée. Moi, Napoléon, c'est ce que j'admire davantage, parce que j'y ai pensé souvent. Et c'est ce qui me prouve absolument la divinité du Christ!

« J'ai passionné des multitudes qui mouraient pour moi. A Dieu ne plaise que je forme aucune comparaison entre l'enthousiasme des soldats et la charité chrétienne, qui sont aussi différents que leur cause!

« Mais enfin il fallait ma présence, l'électricité de mon regard, mon accent, une parole de moi; alors j'allumais le feu sacré dans les cœurs... Certes, je possède le secret de cette puissance magique qui enlève l'esprit; mais je ne saurais le communiquer à personne; aucun de mes généraux ne l'a reçu ou deviné de moi, je n'ai pas davantage le secret d'éterniser mon nom et mon amour dans les cœurs, et d'y opérer des prodiges sans le secours de la matière.

« Maintenant que je suis à Sainte-Hélène... maintenant que je suis seul et cloué sur ce roc, qui bataille et conquiert des empires pour moi? Où sont les courtisans de mon infortune? Pense-t-on à moi? Qui se remue pour moi en Europe? Qui m'est demeuré fidèle? Où sont mes amis? Oui, à deux ou trois que votre fidélité immortalise, vous partagez, vous consolez mon exil.

« Oui, notre existence a brillé de tout l'éclat du diadème et de la souveraineté; et la vôtre, Bertrand, réfléchissait cet éclat, comme le dôme des Invalides, doré par nous, réfléchit les rayons du soleil... Mais les revers sont venus, l'or peu à peu s'est effacé. La pluie du malheur et des outrages dont on m'abreuve chaque jour en emporte les dernières parcelles.

Nous ne sommes plus que le plomb, général Bertrand, et bientôt je serai de la terre.

« Telle est la destinée des grands hommes! Telle a été celle de César et d'Alexandre, et l'on nous oublie! et le nom d'un conquérant, comme celui d'un empereur, n'est plus qu'un thème de collége? Nos exploits tombent sous la férule d'un pédant qui nous insulte ou nous loue.

« Que de jugements divers on se permet sur le grand Louis XIV! A peine mort, le grand roi lui-même fut laissé seul, dans l'isolement de sa chambre à coucher de Versailles... négligé par ses courtisans, et peut-être l'objet de la risée. Ce n'était plus leur maître! c'était un cadavre, un cercueil, une fosse, et l'horreur d'une imminente décomposition.

« Encore un moment. — Voilà mon sort et ce qui va m'arriver à moi-même... assassiné par l'oligarchie anglaise, je meurs avant le temps, et mon cadavre va aussi être rendu à la terre pour y devenir la pâture des vers...

« Voilà la destinée très prochaine du grand Napoléon..... Quel abîme entre ma misère profonde et le règne éternel du Christ prêché, aimé, adoré, vivant dans tout l'univers!... Est-ce là mourir? n'est-ce pas plutôt vivre? Voilà la mort du Christ, voilà celle de Dieu. »

L'aigle impériale, qui avait volé si haut sur les champs de la gloire, a su aussi, à la fin de sa course, s'élever un instant vers les cieux, pour nous en parler avec Bossuet. Il est beau d'entendre Napoléon, *cet homme extraordinaire* qui a étonné le monde, parler ainsi de la DIVINITÉ DE JÉSUS-CHRIST, en déposant humblement à ses pieds le néant de sa grandeur et de toutes les gloires humaines ! Ainsi le génie, en s'abaissant devant Dieu, s'élève encore plus haut et s'immortalise parmi les hommes...

Napoléon, à Sainte-Hélène, disait aussi : « Je ne suis ni un « incrédule, ni un philosophe ; » puis, levant ses yeux vers la voûte azurée du ciel étincelant de tant de milliers d'étoiles, et de ces globes lumineux qui parcourent l'immensité de l'espace, comme de célestes géants, dans leur course régulière et rapide, il interrogeait les incrédules : « Quel est celui qui a « fait tout cela ? »

Un jour le général Bertrand se permet de lui dire : « Qu'est-« ce que Dieu ? L'avez-vous vu ? »

— « Je vais vous le dire, répond gravement Napoléon : Com-
« ment jugez-vous qu'un homme a du génie ? Le génie est-il
« une chose visible ? Qu'en savez-vous pour y croire ? Sur le
« champ de bataille, au fort de la mêlée, quand vous aviez
« besoin d'une prompte manœuvre, d'un trait de génie, pour-
« quoi, vous le premier, me cherchiez-vous de la voix et du
« regard ? Pourquoi s'écriait-on de toute part : Où est l'empe-
« reur ? Que signifiait ce cri, si ce n'est de l'instinct, de la
« croyance en moi, en *mon génie* ? — Mes victoires vous ont
« fait croire en moi ; eh bien ! l'univers me fait croire en
« Dieu.... Les effets merveilleux de la toute-puissance divine
« sont des réalités plus éloquentes que mes victoires. Qu'est-
« ce que la plus belle manœuvre auprès du mouvement des
« astres.... Pouvez-vous ne pas croire en Dieu ! Tout pro-

« clame son existence; et les plus grands esprits l'ont cru!... »

Un jour il disait à madame de Montesquiou, gouvernante du roi de Rome : « Voilà Bernadotte roi, quelle gloire pour « lui ! — Oui, Sire; mais il y a un vilain revers de médaille ; « pour un trône il a abdiqué la foi de ses pères. » — « Oui, c'est « très vilain, et moi qu'on croit si ambitieux, je n'aurais ja- « mais quitté ma religion pour toutes les couronnes de la terre. »

En confiant son enfant à cette illustre dame dont il appré- ciait les rares vertus et la haute piété, il lui dit : « Madame, « je vous confie mon enfant sur qui reposent les destinées « de la France et peut-être de l'Europe entière ; vous en « ferez un bon chrétien. » Quelqu'un se permit de rire; aussi- tôt l'empereur courroucé se retourne vers lui et l'apostrophe ainsi : « Oui, Monsieur, je sais ce que je dis, il faut faire de « mon fils UN BON CHRÉTIEN, car autrement il ne serait pas « bon Français. »

L'empereur disait dans son exil, où, d'après sa demande, on lui avait envoyé d'Europe deux aumôniers catholiques : « Je « suis heureux de me trouver entouré ici de la religion. Je suis « enfant de la Corse, qui est toute catholique, et où l'on se fait « gloire de vénérer la religion. Le son des cloches m'émeut; la « vue d'un ministre de l'Évangile me fait plaisir. Jamais je « n'ai été aussi heureux que le jour de ma première commu- « nion dans l'église cathédrale d'Ajaccio.

« J'avais le projet de réunir toutes les sectes du christia- « nisme. Nous en étions convenus avec Alexandre à Tilsitt ; « mais les revers sont venus trop tôt.... Du moins j'ai rétabli la « Religion. C'est un grand service que j'ai rendu au monde, et

« dont on ne peut calculer les heureux résultats. Que devien-
« drait le genre humain sans religion ?

Entouré sur son lit de mort de tout le saint appareil et des consolations de la religion, Napoléon a fait une mort chrétienne, héroïque. L'empereur eut, dans ses derniers moments, à soutenir un *rude combat* contre quelques personnes de ses entours qui se permirent de désapprouver ses sentiments et ses actes religieux. Seul, dans ces moments suprêmes, il lutta contre tous ; son génie religieux s'y montra aussi grand que l'avait été son génie des batailles ; il triomphe de ces critiques amères de ses amis à son lit de mort, comme jadis il triompha des ennemis de la France dans tous les combats qu'il leur livra à Marengo, à Austerlitz, à Iéna.... et partout sur la face de l'Europe.

« Je meurs, dit l'*Auguste Captif*, au sein de la Religion de
« mes pères, qui vient de me donner toutes ses consolations
« et ses secours ; *je suis heureux ! je suis en paix avec le*
« *genre humain.* » Puis joignant les mains, il dit : « MON DIEU !... Ainsi expire le *grand homme* de notre siècle !

Fin glorieuse ! si bien ressemblante à celle des Martyrs et des Confesseurs de la foi. Jamais prince ne fit une mort plus belle, plus héroïque, ni plus digne d'un empereur chrétien, d'un disciple de l'Évangile de Jésus-Christ.

Après avoir donné à tous les rois, dans sa vie, de *grandes et sanglantes leçons* pour rendre leurs peuples *libres* et heureux, l'empereur Napoléon semble leur adresser, dans cette mort héroïque et chrétienne, du haut de son rocher de Sainte-Hélène, ces paroles de l'Esprit divin :

« *Et nunc, reges, intelligite.* »

« Monarques, voyez : c'est ainsi qu'il faut mourir.... Je suis chrétien ! »

Tel est Napoléon ! Son âme courageuse
Brave de mille assauts la bataille orageuse
Que lui livrent les siens aux bords de son trépas!....
. . . .
Toujours grand et vainqueur dans ses combats-géants,
Il fut plus grand encore en ses derniers moments !

O Corse, ô ma patrie ! sois donc saintement fière et glorieuse d'avoir donné le jour à l'homme qui naguère a étonné le monde dans sa vie, et si hautement édifié à sa mort.

Nous avons tous admiré son génie et sa gloire. Soyons les imitateurs de ses sentiments chrétiens qui ont si bien couronné les derniers jours de sa gigantesque carrière.

L'âme de Napoléon avait encore grandi dans les fers. Du haut de son rocher il parle du Christ comme Bossuet. Il donne ainsi ses dernières leçons aux rois et aux peuples. Il salue et embrasse la mort avec la foi et le courage des Martyrs.

Note T. — *Page* 185.

Écoutons ces paroles admirables du saint évêque d'Hippone, ce grand philosophe chrétien dont le génie et les pures doctrines font, à juste titre, l'admiration des savants et la gloire de l'Église [1]. Voici comme il parle, dans son livre de la *Cité de Dieu*, de la dignité de l'homme et de ses destinées, auxquelles il doit noblement s'attacher :

« Ne nous attachons point à la *Cité de la terre* ; tournons
« nos pas vers la *Cité du Ciel* qui prit naissance avant la
« création de ce monde visible.

« Les Anges sont les premiers habitants de cette *Cité di-*
« *vine* ; ils tiennent du ciel et de la lumière ; car au com-
« mencement Dieu fit le ciel, et il dit : « *Que la lumière soit*
« *faite.* » Dieu ne créa qu'*un seul homme* ; nous étions tous
« dans cet homme. Il répandit en lui une âme douée d'in-
« telligence et de raison, soit qu'il eût déjà créé cette âme
« auparavant, soit qu'il la communiquât en soufflant sur la
« face de l'homme dont le corps n'était que limon. Il donna
« à l'homme une femme pour se reproduire ; mais comme

---

[1] La fécondité du génie de saint Augustin est réellement étonnante : en dehors de ses travaux ordinaires de l'épiscopat, qui étaient immenses et des plus efficaces, il a écrit *quatre-vingt-treize* ouvrages, en *deux cents trente-deux* livres.

« *toute la race humaine devait venir de l'homme,* Ève fut
« formée de l'os, de la chair et du sang d'Adam.

« L'homme à qui le Seigneur avait dit : « Le jour que vous
« mangerez du fruit défendu vous mourrez, » mangea du
« fruit défendu, et mourut. La mort est la peine attachée au
« péché. Mais si le péché est effacé par le baptême, pourquoi
« l'homme meurt-il à présent? Il meurt afin que la foi, l'es-
« pérance et la vertu ne soient pas détruites.

« Deux amours ont bâti les *deux Cités :* l'amour de soi-
« même jusqu'au mépris de Dieu a élevé la *Cité terrestre;*
« l'amour de Dieu jusqu'au mépris de soi-même a édifié la
« *Cité céleste.* Caïn, citoyen de la Cité terrestre, bâtit une
« ville; Abel n'en bâtit point; il était citoyen de la Cité
« du Ciel, et étranger ici-bas. Les deux Cités peuvent s'unir
« par le mariage des enfants des saints avec les filles des
« hommes à cause de leur beauté : la beauté est un bien qui
« nous vient de Dieu.

« Les *deux Cités* se meuvent ensemble :

« La *Cité terrestre,* depuis les jours d'Abraham, a produit
« les deux grands empires des Assyriens et des Romains;
« la *Cité céleste* arrive par le même Abraham, de David à
« Jésus-Christ. Il est venu des lettres de *cette Cité sainte* dont
« nous sommes maintenant exilés; ces lettres sont les *Écri-*
« *tures.* Le roi de la *Cité céleste* est descendu en personne sur
« la terre pour être notre chemin et notre guide.

« Le *souverain bien* est la vie éternelle. « Nos *véritables*
« *richesses* sont la possession de Dieu. La *possession des*
« *félicités temporelles est une fausse béatitude, une fausse in-*

« *firmité.* » Et lorsque la possession de ces félicités et de ces richesses temporelles ne sont que le *fruit d'œuvres coupables et dégradantes,* comme celle de l'*esclavage,* elle est inévitablement une source de maux cruels, des plus grands malheurs pour la vie présente et celle de l'avenir. »

Note U. — *Page* 171.

Qu'ont-ils fait, en résumé, les savants de tous les siècles avec toutes leurs théories et leurs maximes abstraites? Nous ont-ils laissé de grandes lumières, des vérités pratiques, de grands exemples d'une véritable sagesse? quels biens l'humanité en a-t-elle reçus? La *théologie naturelle des philosophes* est à la *théologie divine du christianisme* ce que LES TÉNÈBRES sont A LA LUMIÈRE.

Voyez ces écoles si fameuses de l'antiquité :

L'école Italique que fonda Pythagore, l'école Ionique que Thalès institua, elles sont toutes tombées dans des erreurs capitales. C'étaient cependant les plus grands maîtres des plus beaux siècles du paganisme. Thalès, appliqué à l'étude de la physique, eut pour disciple Anaximandre; celui-ci instruisit Anaximène, qui fut maître d'Anaxagore, et Anaxagore de Socrate, dont le nom fit tant de bruit pour avoir seulement jeté une petite lueur dans les ténèbres de la philosophie en la rapportant un peu aux mœurs. Le seul Platon, qui vint après Socrate, s'approcha un peu, et beaucoup même, de la *vérité chrétienne;* mais ces lumières nouvelles de la vérité, Platon ne les avait point trouvées dans la théologie naturelle de la philosophie, il les a prises dans les pages des Écritures sacrées en Égypte, nous pouvons même dire qu'il les puisa ainsi dans le *Christianisme,* car la vérité chrétienne a toujours existé et a été toujours la même, dans son essence, même avant l'apparition du Christianisme sur la terre.

Ainsi, les vérités abstraites et théoriques des savants de tous les temps ne sont rien pour l'humanité si elles ne sont des vérités pratiques, utiles et démontrées par les œuvres d'une sagesse véritable et inspirée par l'amour du bien général, et selon l'enseignement divin de la charité chrétienne, qui est véritablement comme Dieu, d'où elle émane, le *centre et la source* de toute science, de toutes lumières, de l'ordre et d'une liberté sage et heureuse pour toutes les sociétés humaines.

Que les Basile, les Chrysostôme, les Athanase, les Augustin, les Bossuet, les Fénelon, les Vincent de Paul, soient nos grands maîtres en toutes choses ; que leur voix, leurs exemples soient entendus, suivis dans la carrière philosophique, dans la voie des lumières et des mœurs par tous les peuples et dans tous les siècles, et tous les peuples et les siècles posséderont, avec la véritable science, les vertus civiles, politiques et sociales, toutes les vertus saintes et généreuses qui font l'HOMME MORAL et véritablement utile, les sociétés LIBRES et HEUREUSES.

Note V. — *Page* 194.

« Sans l'éducation religieuse par le Christianisme, dit un écrivain célèbre, il ne peut y avoir dans les nations qu'une société *matérielle*; société bien ordonnée, peut-être, même bien réglée, jusqu'à un certain point exempte de crime, mais aussi bien bornée, bien enfantine, bien circonscrite aux sens polis et hébétés.

« Lorsque dans la société matérielle on pousserait les découvertes physiques et les inventions des machines jusqu'aux miracles, cela ne produirait que le genre de perfectionnement dont la machine même est susceptible.

« L'homme, *privé de ses facultés divines*, est indigent et triste : il perd *la plus riche moitié de son être; borné à son corps*, qu'il ne peut ni rajeunir ni faire vivre, *il se dégrade dans l'échelle de l'intelligence*. Nous deviendrions, par l'absence de religion, des espèces d'Indiens et de Chinois. La Chine et l'Inde, l'une par le matérialisme, l'autre par une philosophie pétrifiée, sont de véritables *nations-momies : assises* depuis des milliers de siècles, *elles ont perdu l'usage du mouvement et la faculté de progression*, semblables à ces idoles muettes et accroupies, à ces sphinx couchés et silencieux qui gardent encore le désert dans la Thébaïde. »

Note X. — *Page* 195.

L'ÉDUCATION DES FEMMES.

Il est également d'une urgente nécessité d'avoir aux colonies des écoles chrétiennes primaires pour les filles, dirigées par des religieuses. Partout l'éducation de la femme est aussi essentielle que celle de l'homme, et principalement dans un pays à esclaves que l'on veut civiliser et appeler au bienfait de la liberté. Car un peuple *libre,* pour être heureux, doit être nécessairement *moral;* or, il n'y a point de morale là où il n'y a pas une éducation religieuse.

Puis, les femmes ont droit, elles aussi, comme l'homme, au premier bienfait de l'éducation, et, comme lui, elles sont appelées de Dieu à être utiles à l'humanité, et à mériter la céleste béatitude.

Les femmes, dit un illustre écrivain, parurent seules au pied de la Croix; Jésus-Christ, pendant sa vie, pardonna à leur faiblesse, et ne dédaigna pas leur hommage; il les affranchit dans la personne de Marie, sa divine mère.

Des femmes suivaient les apôtres pour les servir, comme Madeleine et les autres Maries avaient suivi le Christ[1]. Saint

---

[1] Erant autem ibi mulieres multæ a longe quæ secutæ erant Jesum à Galilea, ministrantes ei. Inter quas erat Maria Magdalene, et Maria Jacobi, et Joseph mater.... (Matth. Cap. XXVII, 55, 56.)

Paul salue à Rome les femmes de la maison de Narcisse.

Les instructions des apôtres et des premiers Pères de l'Église montrent de quelle importance étaient les femmes, à la naissance même de la société chrétienne. Tertullien écrivit deux livres sur leurs ornements et l'usage de leur beauté.

Les femmes, formées par une bonne éducation, deviennent comme des anges terrestres au foyer paternel, de zélés et puissants missionnaires au sein des familles étrangères, partout un modèle de vertus et une source de consolations.

Les femmes se chargent de soigner les malades et de secourir les pauvres. C'est surtout dans les jours mauvais, au milieu des périls et des calamités, qu'elles font des prodiges de zèle et de charité. Elles pénètrent dans les prisons, pansent les plaies des malheureux, calment les chagrins dévorants; et souvent même elles payent de leur vie tant de dévouement et de travaux avec un héroïsme bien au-dessus de celui qu'on nous raconte des femmes de Sparte et de Rome.

Dans l'âge philosophique du christianisme, dit le même auteur, les femmes, mères, épouses et filles d'empereurs, étendirent la puissance évangélique, tandis que d'autres femmes, emmenées en esclavage par les Barbares, convertissaient des nations entières. Hélène et Eudoxie renversèrent des temples et élevèrent des autels.

Les femmes pleurèrent au pied du Calvaire qui vit expirer la grande victime, après l'y avoir accompagnée et consolée. Elles furent les premières, après sa mort, à visiter le Saint-Sépulcre.

Voilà le cœur des femmes chrétiennes, leurs sublimes

vertus, et le bien qu'elles peuvent faire à l'humanité lorsque la religion a éclairé leur esprit, et rempli leur âme généreuse du feu sacré de la charité!

Une instruction, au moins primaire et pratique, jointe à l'éducation religieuse, doivent être données à la femme avec le plus grand soin, tant chez le riche que chez le pauvre; car son influence dans la vie domestique, aussi bien que dans le corps social et politique, est immense; et, selon qu'elle est bien ou mal dirigée, elle peut produire beaucoup de bien ou de grands maux, ainsi que nous le montre l'histoire des temps et de tous les peuples.

Note Y. — *Page 203.*

Nous l'avons dit dans cet ouvrage, Dieu a créé l'homme *libre*; et pour qu'il soit heureux, pour que la liberté lui soit profitable, il faut que l'homme n'en abuse point : il doit en faire usage sagement et selon les enseignements de Dieu ; il lui faut, par conséquent, avec la *liberté*, la vérité et la vertu, en un mot la RELIGION.

Nous allons rapporter ici, sur ce sujet, quelques lignes de l'âme tendre et sublime de Fénelon dans un de ses dialogues avec M. de Ramsay.

M. de Ramsay à Fénelon.

Oui, monsieur, je cherche la vérité ; pour la découvrir, j'ai consumé ma jeunesse dans des études pénibles. J'ai quitté l'Écosse, ma patrie. J'ai parcouru l'Angleterre, la Hollande, la France, pour consulter les hommes que les différents partis regardent comme des oracles. Je les ai trouvés tels, en effet ; mais c'est par l'embarras et l'obscurité de leurs réponses. Quelquefois j'ai cru saisir la vérité. Je me trompais, elle m'a toujours échappé. Je ne crois rien, parce que je doute de tout. Ce doute toutefois n'est point un repos, comme je voudrais me le persuader, c'est le désespoir de trouver une certitude raisonnable.

Fénelon. Votre dévouement annonce un esprit aussi éclairé que solide. Que cette conduite est éloignée de celle du commun des hommes! Ils traverseront les flots pour faire quelques observations astronomiques ou pour mesurer un terrain; ils s'exposeront à tout pour aller voir comment sont faites les pyramides d'Égypte ou les ruines de quelque ville; mais, par le plus effroyable aveuglement, ils consentiront à ignorer toute la vie leur origine, leurs devoirs et leur destination, ces articles si essentiels, sur lesquels la religion seule peut nous donner une entière certitude.

Ramsay. Ce sont bien là les réflexions qui se présentèrent à mon esprit. Je voulus en conséquence me former une religion, mais quelles peines ne m'a coûté mon entreprise? Figurez-vous un enfant que l'on enlève la nuit de la maison paternelle, pour l'abandonner dans un désert. A son réveil, quel étonnement, quelle épouvante! Hélas! un tendre père ne viendra point recevoir ses caresses, la main d'une mère n'essuiera pas ses larmes, il n'entendra plus sa douce voix; il n'entend que le sifflement des vents et les rugissements des bêtes féroces. Il pleure, il s'agite, il s'écrie; l'aquilon emporte ses gémissements, et personne ne lui répond.... Où est-il? d'où vient-il? quel sera son sort?... Il erre éperdu çà et là, croyant toujours voir un ours, un lion prêt à le dévorer, ou un précipice qui va l'engloutir. Heureux si quelque berger a conduit ses troupeaux assez avant dans le désert. peut-être qu'ému par ses cris, il aura pitié de sa jeunesse;

il le recueillera dans sa cabane, et le comptera parmi ses enfants... Vous êtes ce bon berger, monsieur, et je suis le malheureux enfant. Je crois qu'il existe un Dieu, mais je n'ai pu faire un pas de plus. Que suis-je? Peut-être une machine comme une horloge mal réglée qui va sonner sa dernière heure et se briser sans retour. Suis-je le compagnon du cheval qui me porte, le frère du chien qui me sert, ou ma nature est-elle plus excellente? Quelle est cette sombre prison où je me trouve enfermé? Qu'est-ce que ce long supplice qu'on nomme la vie, et qui n'est pour l'homme qui réfléchit et qui sent qu'une mort à peu près habituelle? Par qui? pourquoi? pour quel temps y suis-je condamné? Quelle gloire doit revenir à Dieu de me faire végéter ici-bas comme ces arbustes que l'on rencontre épars sur nos montagnes? Une terre aride leur fournit comme à regret une subsistance insuffisante. Toujours brûlés par le soleil ou glacés par les frimas, ils semblent accuser l'avarice de la nature dont ils sont le rebut.

Je me regarde comme un malheureux enfermé dans un cachot; il sait qu'il n'en sortira que pour périr; mais il ignore quand, comment, et pour quel crime il doit subir la mort.... La mort!... Mais doit-elle me dévorer tout entier? ou bien y a-t-il quelque portion de mon être à l'abri de ses coups? Quel abîme que le néant!... Quoi! cette imagination brillante dont les douces illusions nous donnent au moins quelquefois le change sur notre état, cette intelligence si ardente à chercher la vérité, si pénétrante pour la découvrir, si heureuse, si fière de la posséder, tout périra? Et ce cœur, qui ne vit que d'amour, n'aimera plus! Il ne sera qu'une froide poussière, ensevelie, perdue dans la fange du tombeau!... Philosophie désespérante! A cette idée, toute mon âme se soulève (s'il est vrai pourtant que j'aie une âme); un crêpe funèbre enveloppe toute la nature; les noms les plus doux, les liens les plus respectables ne sont que des fictions de théâtre, dont il ne reste plus rien dès que la toile vient à tomber. Amis, parents, concitoyens, ne sont pour moi que des compagnons d'infortune, avec qui je dois passer quelques jours sur un vaisseau qui va faire naufrage. Au moins les flots en conserveront les débris. Peut-être ils jetteront nos cadavres sur une rive hospitalière où des hommes leur donneront la sépulture. Mais la seule portion de moi-même que je doive estimer; celle qui peut connaître, sentir, aimer la vérité et la vertu, ira se perdre dans le néant! Enfin, oserai-je le dire? Mais qui pourrait vous dissimuler quelque chose? La vertu même perd à mes yeux sa réalité. Pourquoi me condamner à des privations dont je ne serai jamais payé? Si je n'ai que la vie présente, je n'ai qu'un devoir, c'est d'y être heureux et de profiter au moins de l'instant si court qui m'est accordé pour y travailler.

Que m'importe le bonheur d'autrui? Je suis pressé, nécessité par la nature de chercher le mien, j'y vole et je brise tous les obstacles.... Quelle idée vous devez avoir de moi, monsieur; je rougis de tenir ce langage devant une âme aussi pure que la vôtre.... Il est des êtres privilégiés pour qui la religion est le bonheur et la vertu un besoin. Mais je crois vous avoir parlé le langage ordinaire de la nature et peut-être de la raison.

FÉNELON. Mon ami, car votre confiance et vos malheurs vous assurent à jamais ce titre, vos plaies sont profondes; mais elles ne sont pas incurables, puisque vous osez les découvrir. Je suppose qu'au milieu de vos tourments la religion se présente à vous, et vous dise :

« Je suis LA PHILOSOPHIE DE L'AMOUR. Je ne vous ferai pas
« de grands discours, car je suis envoyée pour vous dispenser
« de ces recherches dont l'immense majorité des hommes
« est incapable. Voyez ces enfants que je porte dans mes
« bras, cette foule d'hommes simples et bons qui marchent
« à la lumière que je répands; ils goûtent sous mon empire
« la paix que les génies les plus habiles n'ont pu ni vous don-
« ner ni se procurer à eux-mêmes ; ils figureraient mal dans
« une école de philosophie, cependant ils en savent plus que
« tous les philosophes, et ce qu'ils savent est chez eux plus
« profond et mieux établi. Laissez là vos voyages, vos livres,
« *écoutez, croyez, aimez.*

« Non seulement il y a un Dieu, mais il est infiniment
« bon et prodigue de ses bienfaits, autant qu'il est riche et
« puissant. Vous craignez qu'il ne vous oublie? Infortuné!
« c'est l'excès du malheur qui vous porte à blasphémer sa
« tendresse. Il vous a créé parce qu'il vous aimait, pour l'ai-
« mer, et pour être infiniment heureux par cet amour. Vous
« êtes le premier des êtres visibles, le chef-d'œuvre de ses
« mains, celui pour qui tout existe ici-bas. Si la philosophie
« balance, moi j'ai droit de décider. Oui, vous avez une
« âme; malheur à qui peut en douter ! Cette âme est LIBRE,
« intelligente, immatérielle, immortelle comme le Dieu dont

« elle est l'image, et doit être à jamais heureuse avec lui....
« Aussi toutes les créatures mille fois plus impuissantes que
« vous ne sauraient vous rendre heureux. Ne demandez le
« bonheur ni à l'ambition, ni à la fortune, ni à la volupté,
« elles vous trompent en vous le promettant. Vous répandez
« des larmes! Hélas! vous en verserez souvent. C'est ici votre
« exil; un autre sort vous attend dans la patrie. Vous êtes
« hors de votre élément qui est le parfait bonheur et le parfait
« amour. Vous êtes un roi qui traversez une terre étrangère
« pour conquérir une couronne.... O mon fils! ne vous laissez
« point abattre, car les travaux seront courts et la récompense
« éternelle. Exercez-vous à *croire, à espérer et à aimer.*

« Si le mal menace de vous accabler, souvenez-vous que
« vous avez un père. Il écoutera vos soupirs, recueillera
« vos larmes, pour vous en payer le prix. Donnez-vous à
« moi, et je ne vous abandonnerai jamais. Dans toutes vos
« peines appelez la religion, j'ai le secret de les adoucir
« quelles qu'elles puissent être.... De temps en temps imitez
« le voyageur qui marche pendant la nuit. Il tourne les
« yeux vers l'orient, et ne tarde pas à distinguer de légers
« traits de lumière; peu à peu les rayons se développent,
« l'horizon se colore de pourpre et d'azur, et il salue avec
« transport l'astre qui va paraître. La nuit durera peu pour
« vous; songez que le jour va venir. Regardez les maux de
« la vie comme des ombres que le soleil fait évanouir à son
« approche; les tentations comme des écueils qui bordent le
« rivage désiré, et la vie entière comme l'enfance de votre
« vertu, comme l'apprentissage et le noviciat de l'amour.

« Tous les hommes doivent être à nos yeux, non pas des
« étrangers avec qui vous marchez quelques heures pour ne
« plus les revoir, mais des enfants de la même famille, des
« amis de votre père qui vous les envoie pour que vous l'ho-
« noriez et l'aimiez dans leur personne ; des concitoyens
« avec qui vous devez vivre une éternité au sein du bonheur
« et de la paix.

« Les nœuds sacrés de la nature doivent vous être chers,
« non seulement par le charme impérieux et touchant qui
« accompagnent la piété filiale et la tendresse paternelle,
« mais aussi parce que le Très Haut y apposa le sceau de sa
« volonté, et qu'il s'en est déclaré le gardien et le vengeur.
« Il est encore le père des sociétés. Toute autorité émane de
« la sienne. C'est lui qui suspendit sur votre tête le glaive
« de la puissance publique ; respectez-la, dans quelques
« mains qu'elle se trouve. Soyez toujours l'enfant de la paix,
« autrement sa paix ne reposerait pas sur vous. Vous n'au-
« rez du reste à vous inquiéter ni du dogme, ni de la mo-
« rale. Si vous êtes philosophe, vous deviendrez petit enfant ;
« car c'est à eux seuls qu'il est donné d'entendre la philo-
« sophie divine de la *foi*, de l'*espérance* et de la *charité*, qui
« rend heureux les enfants de Dieu. »

RAMSAY. Je ne puis, je l'avoue, m'accoutumer à envisager Dieu comme un maître qui exige à la rigueur les hommages qui lui sont dus. Ne craignez-vous pas que ce ne soit avilir sa grandeur ou méconnaître sa bonté ?

FÉNELON. S'il était un moyen d'avilir la Divinité, ne se-rait-ce pas plutôt en disant aux hommes qu'ils peuvent l'oublier et l'outrager impunément? C'est précisément parce que Dieu est grand, parce qu'il est infini, qu'il doit exiger nos hommages à la rigueur. Puisqu'il est le seul être infini, il ne peut agir que pour lui-même : tout autre fin serait indigne de lui; ce qu'il ferait pour un être moindre que lui serait indigne de son infinie perfection. Il serait injuste en transportant à un autre ce qu'il se doit à lui-même, et agirait moins parfaitement que l'homme religieux qui rapporte à l'Être Suprême et son être propre et toutes ses actions. Il n'a donc créé que pour sa gloire. Si vous en pouviez douter, interrogez votre nature, elle vous atteste la fin que s'est proposée son auteur. Pourquoi vous a-t-il donné une intelligence? Est-ce pour connaître les créatures? Mais cette intelligence, malgré son ignorance et ses ténèbres, est si vaste, qu'aucune créature ne peut remplir sa capacité. Toute vérité bornée est au-dessous de sa mesure. L'esprit humain se joue des connaissances les plus étendues, et mille mondes comme celui-ci ne satisferaient pas la soif de connaître qui le dévore.

Ces créatures imparfaites, passagères, ne rempliront pas davantage votre cœur : il ne trouve dans aucun objet borné ce qu'il faut pour le satisfaire. Il est donc fait pour une autre vérité, pour une autre perfection; c'est-à-dire qu'il est fait pour Dieu, qui est la vérité sans bornes et la bonté infinie. C'est donc pour le connaître et pour l'aimer que vous existez. C'est donc pour obtenir ce culte, la seule fin digne de lui, que ce grand Dieu a tout fait. C'est dans cette vue qu'il étendit les cieux, qu'il forma la terre, qu'il établit la nature et ses lois, et qu'il traça partout en traits de lumière les caractères de sa puissance, de sa justice et de sa bonté.

Ramsay. J'aimais à me figurer Dieu comme un être infiniment bon, qui, en formant ses créatures, a plutôt cherché leur bonheur que les intérêts de sa gloire.

Fénelon. Comme si ces deux fins si dignes d'un Dieu ne pouvaient s'accorder ensemble! S'il est bon, il est juste et sage, et ne peut se refuser à ce que réclame son infinie perfection. Dieu est tout, l'homme n'est rien. Dieu ne peut négliger le tout, et se proposer en agissant ce qui n'est près de lui qu'un pur néant.

Mais consolez-vous, la créature n'y perdra rien, car on ne peut jamais trop présumer de sa bonté. La vraie grandeur consiste à faire des heureux. La gloire d'un grand monarque est dans le bonheur de ses sujets. La gloire d'un père, c'est d'être environné d'une famille heureuse, de l'aimer et d'en être aimé. La gloire de Dieu est d'être connu et aimé de l'homme, comme le bonheur de l'homme est de connaître et d'aimer Dieu. Il est impossible que la bonté infinie ne cherche à répandre le bonheur dont elle est la source, et il l'est également qu'il se trouve quelque bonheur loin de l'infinie bonté dans l'opposition avec elle, et autrement que par son amour. Le bonheur de l'homme et la gloire de Dieu ne sont donc pas deux fins différentes; c'est un but unique, un seul et même objet, puisque Dieu ne peut chercher sa gloire qu'en nous rendant heureux, comme il ne peut nous rendre heureux que pour sa gloire.

Ramsay. S'il est vrai que Dieu veuille le bonheur de tous les hommes, pourquoi tous ne sont-ils pas heureux?

Fénelon. Parce qu'*ils abusent de leur liberté.*

Ramsay. Et pourquoi la leur avoir donnée, cette liberté malheureuse?

Fénelon. Dieu veut *être aimé comme il aime,* et le seul amour qui soit digne de lui, c'est un *amour libre* et de pur choix. Quel est l'homme sensible et bon qui voulût être honoré par des esclaves chargés de chaînes? Un pareil hommage ne pouvait convenir à Dieu, qui est l'être bon par excellence. Il donna donc à l'homme la liberté, pour que l'homme l'aimât de son propre mouvement et par son choix ; il lui offrit en même temps, et tous les motifs, et tous les moyens de devenir heureux en l'aimant.

La religion est fondée sur la nature de l'homme et sur la nature même de Dieu.

Sans la religion, Dieu ne serait ni sage ni juste envers lui-même, et l'homme serait ingrat, injuste et malheureux.

Avec la religion, l'homme est heureux, mais heureux seulement comme on peut l'être sur la terre; car ici-bas le plus heureux n'est que le moins misérable. »

L'homme dans cette vie ressemble à un voyageur qui, par un beau jour du printemps, se met en route de grand matin. La nature est calme, le ciel est pur et sans nuage. La terre lui paraît au loin comme un riche tapis de verdure émaillé de mille fleurs. La plaine est couverte d'épis, douce espérance du laboureur. Le beau jour que je vais avoir! s'écrie-t-il ; comme je vais avancer ma route! Cependant le vent s'élève ; de petits nuages parsèment le ciel, en peu d'heures il est obscurci. La forêt s'agite et mugit; le tonnerre gronde, la grêle tombe; hélas! les belles fleurs ont péri, et avec elles l'attente du voyageur!

Notre voyageur, percé, transi, regagne à la hâte son asile, heureux d'en être quitte pour renoncer à ses projets. Voilà le tableau de la vie. Tout est riant, tout enchante; on croit voir partout le bonheur; hélas! ce n'en est que l'ombre.... Le vrai et parfait bonheur est au céleste séjour, où l'homme ne pourra atteindre qu'à la fin de sa course en marchant *libre* et *sage*, devant le Seigneur, dans les voies lumineuses de l'Évangile de Jésus-Christ.

(CETTE NOTE EST RELATIVE A LA PAGE 86 DE CE VOLUME.)

L'esclavage serait-il même *volontaire*, qu'il serait encore *illégitime*; car cette condition est non seulement contraire aux droits inaliénables de l'homme, mais elle est contraire aussi à ses devoirs les plus impérieux.

Dieu a créé l'homme *libre*, parce qu'il veut que l'homme soit *moral*, qu'il sente sa dignité et qu'il puisse *mériter* auprès de l'être parfait et infiniment bon qui lui a donné l'existence.

Si l'homme ne devait pas être libre et moral, et s'il ne devait vivre que d'une *vie seulement physique* et *matérielle*, pourquoi serait-il homme? La RAISON et L'INTELLIGENCE, qui font de lui l'être le plus noble de la nature, le chef-d'œuvre de la puissance et de la sagesse divines, *lui seraient dès-lors tout à fait inutiles*.

Par cela seul qu'*il prive l'homme de sa liberté l'esclavage est immoral*, et empêche nécessairement l'homme d'*être moral*; car l'homme n'est moral qu'autant qu'il est lui-même, et il ne peut *mériter* ou *démériter* (ce qui fait la grandeur et la noblesse de son être), qu'autant qu'il est à lui, et qu'il agit avec science et avec une volonté entièrement libre. C'est pourquoi dans la vie sociale le développement intellectuel et moral pour tout individu est un droit impérissable ; jamais une loi sociale ne saurait négliger ce droit impunément.

Notre intelligence n'étant ni parfaite ni infinie, le domaine de notre liberté a nécessairement ses bornes. Autant l'homme a droit à la liberté, autant cette même liberté a besoin d'être *réglée* dans l'homme par la vérité religieuse et par des lois fortes et équitables ayant pour base la loi divine, qui convient à tous les peuples et à tous les temps.

C'est ainsi qu'un *peuple libre sans moralité* ne peut être que dans l'anarchie ou près d'y tomber, tandis qu'un peuple qui joint à *sa liberté* une *grande moralité* (aussi grande du moins qu'elle peut l'être dans l'espèce humaine), c'est réellement le peuple selon les desseins de Dieu, et jouissant, par conséquent, de la plus grande somme du bonheur possible.

Par une liberté réelle et bien réglée la vie humaine acquiert son importance véritable, sa mission morale ; par elle aussi nos pensées et nos actions prennent *une valeur réelle* qui nous introduit dans le sanctuaire de l'éternelle justice en y marquant notre place *impartiale, inviolable*.

Il est d'autant plus nécessaire que la liberté soit réglée et qu'elle ait de justes limites, que l'homme n'est point ici-bas seul dans un désert, ni dans un monde idéal, mais il y est entouré de milliers d'êtres ses semblables, avec lesquels il lui faut nécessairement vivre en paix et partager ses peines et ses joies.

Notre existence n'est subordonnée *nécessairement* qu'à une seule, à celle de Dieu, mais elle doit être *coordonnée* à beaucoup d'autres, à celle de tous les hommes, et préférer toujours l'intérêt général à l'intérêt particulier.

Dans la grande famille humaine, parmi les chrétiens surtout, on doit se voir, se consoler, s'édifier mutuellement. Le baptême faisant de tous des hommes nouveaux, marqués de l'auguste titre d'*enfants de Dieu*, il ne doit plus y avoir parmi eux ni haines, ni préjugés, ni antipathie; il faut surtout ne point y donner accès à l'*Égoïsme* ni à l'*Orgueil* [1] : ils furent la source première de l'esclavage, et sont

---

[1] Voici comment le sublime et pieux Racine nous parle de l'*égoïsme* et de l'*orgueil* de l'homme, et de la religion qui est l'*unique source de lumière et de bonheur*, dans ces vers si pleins de charmes et de vie, que le génie chrétien peut seul inspirer :

« De l'humaine vertu reconnaissons l'écueil,
« *Quand l'homme n'est qu'à lui*, TOUT L'HOMME EST A L'ORGUEIL,
« ET N'AIME QUE LUI SEUL. Dans ce désordre extrême,
« Il faut pour le guérir l'arracher à lui-même.
« Mais qui pourra porter ce grand coup dans son cœur?
« *De la Religion le charme est* SON VAINQUEUR.

. . . .

« Toi qui possèdes la puissance,
« La grandeur et la majesté ;
« Toi qui tiens sous ta dépendance
« Notre orgueilleuse volonté,
« *O Roi des rois*, MAITRE DES MAITRES,
« Être par qui sont tous les êtres,
« Centre et lumière des esprits,
« De toi seul nos vertus descendent
« Et de ta source se répandent
« *Sur les* HOMMES QUE TU CHÉRIS!

. . . .

« Mais si nous semons dans les larmes,

la cause principale et permanente des crimes et des maux de tous les genres qui ravagent l'espèce humaine. Le Romain, le Grec, le Barbare, l'Africain, les vainqueurs et les vaincus, tous dans l'humaine société de tous les temps, et en tous lieux, doivent être unis dans les mêmes liens de la Charité, et s'aimant comme les enfants de la même famille, car tous ils ont *un seul* Souverain Maitre, un seul et même Père qui est aux cieux.

Quoique séparés par des mers et des contrées immenses, nous devons tous avoir la même Charité, la même Foi, la même Espérance ; car,

La Charité unit les hommes entre eux et à Dieu,

La Foi unit les intelligences,

L'Espérance nous soutient tous et nous conduit ensemble dans la même voie, et vers le même but que Dieu nous prescrit à tous d'atteindre, qui est le bonheur présent et celui de l'avenir.

Ainsi disparaîtra l'esclavage de dessus la terre, ainsi se poursuit et s'accomplira la grande œuvre du christianisme, selon la sublime prière de Jésus sur la montagne :

« Que la récolte aura de charmes
« Au sein de l'Éternel séjour !

. . . .

« Le temps d'espérer et de croire
« *Finit* au grand jour de ta gloire ;
« Mais le temps de t'aimer, ô Dieu, de te bénir
« Ne peut jamais finir !.... »

« Mon Père, l'heure est venue, glorifiez votre fils, afin que votre fils vous glorifie : comme vous lui avez donné *puissance sur tous les hommes, afin qu'il donne la vie éternelle à tous ceux que vous lui avez donnés.*

« Or, la vie éternelle consiste à vous connaître, vous qui êtes le seul Dieu véritable, et Jésus-Christ que vous avez envoyé...

« *Je suis en eux et vous en moi, afin qu'ils soient consommés en l'unité*, et que le monde connaisse que vous m'avez envoyé, et que *vous les avez aimés comme vous m'avez aimé.*

« Mon Père, *je désire que là où je suis, ceux que vous m'avez donnés y soient aussi avec moi*; afin qu'ils contemplent ma gloire que vous m'avez donnée, parce que vous m'avez aimé avant la création du monde. » (Jean, c. XVII.)

Jésus-Christ dit aussi : « Ne vous faites pas appeler Maîtres, car vous n'avez qu'un seul maitre qui est le Christ... et vous êtes tous frères... vous n'avez tous qu'un seul Père qui est dans les cieux... Il ne veut pas qu'aucun des plus petits d'entre les hommes périsse. » (Matth., c. XXIII et XVIII.)

FIN DES NOTES.

NOTICE HISTORIQUE

DE LA MISSION

DE M. L'ABBÉ CASTELLI.

NOTICE HISTORIQUE

DE LA MISSION QUE M. L'ABBÉ CASTELLI,

A. PRÉFET APOSTOLIQUE DE LA MARTINIQUE,

A REMPLIE AUX ANTILLES FRANÇAISES.

Au mois d'août 1833, M. l'abbé Castelli fut nommé Inspecteur de l'enseignement public aux Antilles Françaises, où il arriva le 21 novembre de la même année.

Il fit successivement sa tournée dans les deux îles de la Martinique et de la Guadeloupe, où il inspecta toutes les écoles publiques.

Après avoir tout vu et bien examiné dans cette inspection générale des deux îles, M. Castelli fit, à ce sujet, un rapport fort intéressant qui fut imprimé à la Guadeloupe, et de là adressé au ministère de la marine.

M. Castelli signalait dans son rapport le vide et les défauts de l'enseignement public aux colonies, soit pour la partie religieuse que pour celle de l'instruction. Il indiquait en même temps les moyens à employer pour y apporter un prompt remède et en améliorer la situation d'une manière satisfaisante.

A cet effet, il sollicita surtout un établissement des frères des Écoles Chrétiennes dans les deux colonies de la Martinique et de la Guadeloupe.

Cette demande pour y établir des frères, qui fut alors bien accueillie et appréciée par le ministère de la marine, eut son effet quelque temps après par l'envoi que l'on a fait des frères des Écoles de la maison de Ploërmel en 1840, aux Antilles. Ils sont déjà établis et en pleine activité dans les deux colonies de la Guadeloupe et de la Martinique.

M. Castelli a visité lui-même bien des fois ces Écoles des frères de Ploërmel aux Antilles. Il en a été fort satisfait sous le double rapport de la morale et de l'instruction.

Jusqu'à ce jour ces Écoles publiques des frères ne sont fréquentées que par des enfants de la classe de couleur et des noirs, qui habitent les villes; ils y sont en grand nombre et en profitent beaucoup.

Au mois d'avril 1834, sa mission, pour l'inspection de l'enseignement public, étant terminée, M. Castelli fut appelé à la cure de la Trinité ; c'est une des paroisses les plus importantes de la Martinique.

Il trouva cette paroisse dans une situation déplorable. Il s'appliqua avec zèle à réparer et embellir son église; à rétablir les cérémonies religieuses dans toute leur pompe, à ranimer la piété des fidèles. Et l'on vit bientôt cette paroisse, depuis longtemps malheureuse et délaissée, changer entièrement de face. Depuis ce moment la Trinité devint une des meilleures paroisses de la colonie.

M. Castelli sut ainsi s'y attirer l'estime et l'affection générale des fidèles. La classe des personnes libres, comme celle des esclaves, lui étaient également attachées et dévouées.

Nommé en l'année 1834, préfet apostolique de la Martinique, M. Castelli quitta sa paroisse de la Trinité dont il emporta les regrets, et fut installé, en cette qualité, dans l'église de Fort-Royal, le 7 décembre 1834.

Cette charge que l'on venait de confier à M. Castelli avait été vacante pendant longtemps par l'absence du préfet, son prédécesseur. Cela avait causé un grand vide, et donnait beaucoup à faire au nouveau préfet dès son début dans la carrière apostolique.

Afin de voir tout en détail par lui-même, s'assurer de l'état des choses, et faire le plus grand bien qu'il lui était possible dans sa mission, M. le préfet s'empressa de faire, d'abord, une visite générale dans les paroisses de la colonie, où il administra à un grand nombre de personnes le sacrement de confirmation.

Il pénétra, pendant cette tournée pastorale, jusque dans l'intérieur des campagnes, où il alla visiter dans leurs ateliers les populations des esclaves. En leur adressant des paroles toutes pleines de charité et de consolation, il ranimait dans tous les cœurs l'amour de la religion, une sainte joie et une entière confiance en la divine Providence.

Partout dans les bourgs et les campagnes qu'il allait parcourir, la foule des fidèles se pressait autour de lui avec amour et confiance; et plus d'une fois son cœur apostolique en éprouva de bien tendres émotions.

Ranimant ainsi par l'ardeur de son zèle et de sa charité le feu sacré de la religion dans tous les cœurs, M. Castelli préparait les voies à la propagation de l'instruction morale et religieuse dans tous les quartiers de la colonie.

Placé dans un pays où l'esclavage est admis par une loi civile, et existe depuis environ deux siècles, M. le préfet pressentait toutes les difficultés et les obstacles qu'aurait pu trouver, par la suite, sa mission toute apostolique et régénératrice. Aussi avait-il soin d'user en toutes choses d'une grande prudence et d'une sage modération, dont ses paroles et ses actions étaient toujours empreintes. Cela était surtout remarquable dans ses mandements et ses lettres pastorales qu'il adressait souvent à son clergé et aux fidèles.

A la fin de cette visite générale qui dura environ deux mois, M. Castelli fut atteint, dans la paroisse du Marin, qu'il venait de visiter, d'une fièvre très violente, occasionnée par l'excès de ses fatigues, et qui faillit être mortelle. Cette maladie ne céda qu'aux remèdes les plus énergiques. Elle cessa entièrement après deux mois de convalescence. Malgré cette maladie, M. le préfet ne quitta point la colonie où il continua sans interruption le cours des occupations de son ministère.

M. le préfet s'occupa aussi avec soin à fixer de bonnes règles de discipline pour son clergé.

Les premiers travaux de son ministère furent couronnés d'un heureux succès. Il en reçut souvent des félicitations de la part de l'autorité supérieure, ainsi que des personnes notables du pays.

Cette époque si heureuse que venait de faire à la religion dans la colonie l'administration de M. Castelli, fut bien sentie et appréciée par Monseigneur Baluffi, évêque, internonce du Saint-Siége, lors de son passage à la Martinique en 1836, se rendant à la Nouvelle-Grenade, en Amérique. M. Castelli s'empressa de recevoir chez lui cet illustre prélat à qui il fit l'accueil le plus honorable. Les populations venaient en foule de tous les points de l'île, et se pressaient chaque jour autour de l'envoyé du père commun des fidèles, afin de pouvoir lui témoigner toute leur joie et recevoir sa bénédiction.

Pendant les dix-sept jours que monseigneur Baluffi resta auprès de M. Castelli à la Martinique, ce fut pour la colonie une joie générale, un véritable triomphe pour la religion. Le pieux évêque répondit à toutes ces marques de piété et de vénération de la manière la plus gracieuse et toute paternelle. Souvent on le vit au milieu de cette foule empressée verser des larmes de tendresse et d'une bien vive reconnaissance.

Le Souverain Pontife eut connaissance de ces détails intéressants, et daigna faire adresser une lettre de félicitations et de gratitude à M. Castelli à la Martinique.

Dans les premiers jours de janvier, monseigneur Baluffi quitta la colonie et continua son voyage pour se rendre à sa destination. Cet excellent prélat, que distinguent également ses lumières et sa piété, laissa à son passage à la Martinique, les meilleurs souvenirs qui ne pourront s'effacer de longtemps.

Par cet accueil si plein de noblesse et de solennité qu'il fit à monseigneur Baluffi, M. Castelli rendit un véritable service à la religion et à la colonie.

Il y a en général dans les populations coloniales un sentiment naturellement religieux; mais il manque de culture, et il a essentiellement besoin de tous les soins du ministère religieux.

Ces soins y sont donnés; mais d'une manière trop incomplète, et de nature à compromettre le salut des âmes et l'avenir des colonies. Ce vice est dans *le mode de recrutement et de l'organisation du clergé des colonies.* M. Castelli a signalé plusieurs fois cet inconvénient par trop grave, et il a bien déclaré que, *tant que les Missionnaires, pour nos colonies, ne seront formés et envoyés par un corps religieux,* où il y ait unité d'esprit, de règle et d'action, et une vocation véritable pour se dévouer sincèrement et avec ardeur à cette grande œuvre de nos missions coloniales, la religion y sera arrêtée dans son élan, et elle n'aura que trop souvent à gémir sur des maux de tous genres, comme par le passé.

Elle seule pourtant, la religion, peut sauver nos colonies dans ces temps critiques d'une transition inévitable à une ère nouvelle. Elle seule peut préparer et conduire à bonne fin l'abolition de l'esclavage. Cette œuvre si sainte et si éminemment chrétienne, si difficile aux yeux des hommes, mais que la religion peut facilement accomplir et en assurer les meilleurs résultats sous le double rapport religieux et social.

Le gouvernement de la métropole ayant formé, il y a quelques années, le projet de l'émancipation des esclaves de ses colonies, s'empressa d'appeler à cette œuvre l'action puissante et régénératrice de la religion. Le clergé colonial fut donc spécialement destiné à préparer et accomplir cette grande mission, si digne de la religion et de la France.

La propagation de l'instruction morale et religieuse aux colonies devint dès lors, plus que jamais, d'une urgente nécessité. Aussi, le ministère de la marine n'a-t-il cessé dès ce moment d'offrir pour cela tous les moyens qui étaient en son pouvoir, avec un zèle et une générosité remarquables.

Une des premières conditions, à cet effet, était

celle d'augmenter le nombre des prêtres des colonies : car à peine y en avait-il jusqu'alors pour le service ordinaire de l'intérieur des églises paroissiales. M. Castelli sentait toute l'importance de cette situation, et se hâta d'y mettre tout son zèle et son dévouement.

Invité à faire connaître à ce sujet son avis et ses intentions, M. Castelli se rendit le 16 juin 1837 au sein du conseil colonial de la Martinique. Dans un exposé des motifs, qui était suivi d'un règlement organique, il démontra à ce conseil l'urgente nécessité de propager l'instruction morale et religieuse dans tous les quartiers de la colonie, afin de mieux soigner le salut des âmes, préparer les voies de l'émancipation, et en assurer d'avance les bons résultats. M. le préfet demandait pour cela l'augmentation du personnel du clergé colonial, et des frères des Écoles chrétiennes, et par conséquent le vote de nouveaux subsides.

Le conseil, satisfait du discours que venait de lui adresser M. le préfet apostolique, adhéra à sa demande, et vota à l'unanimité des fonds supplémentaires pour augmenter le clergé, et entrer ainsi dans une voie large d'amélioration et de progrès.

Ces mots de *propagation d'instruction morale et religieuse, et d'émancipation*, toujours si redoutables pour les maîtres des esclaves, on les entendait descendre pour la première fois de la bouche d'un ministre de la religion au milieu d'une assemblée coloniale, qui les écoute pourtant avec faveur et les sanctionne. Ainsi, la porte fut ouverte à la propagation de l'instruction morale et religieuse dans la colonie. C'était déjà un grand pas de fait dans la voie de régénération de la société coloniale.

Gloire à la religion, dont le divin génie sait triompher de tout pour le bien de tous ! Honneur à ses apôtres, dont le zèle et le dévouement savent si bien la faire aimer, et portent au loin ses bienfaits, jusque sur les rives les plus lointaines du globe !

Suivant l'impulsion de son zèle et le vœu qui lui fut exprimé dans la colonie, M. le préfet apostolique se décida à se rendre en France, afin de se procurer lui-même le nombre de prêtres dont il avait besoin pour l'augmentation de son clergé.

Chargé d'une mission aussi importante, M. Castelli quitta la colonie le 15 juillet 1837, pour se rendre en France, où il arriva le mois suivant.

Après s'être acquitté de sa mission en Europe, M. le préfet se hâta de retourner à son poste, à la Martinique, où il arriva le 5 juillet 1838.

Le 1ᵉʳ novembre 1838, M. le préfet publia dans la colonie une lettre pastorale, accompagnée d'un règlement, afin de faire connaître la haute importance de la propagation de l'instruction morale et religieuse dans tous les quartiers de l'île, et fixer à ce sujet une organisation convenable sous tous les rapports.

Afin d'imprimer à ce mouvement religieux une impulsion sage et efficace, M. Castelli s'empressa de faire une tournée dans les bourgs et les campagnes de la colonie, où il encourageait par sa présence et par ses paroles la propagation de l'instruction religieuse. Il eut alors la consolation de voir des chapelles se construire par des propriétaires sur leurs habitations, et des catéchistes s'y dévouer, par ses soins et par ses ordres, à l'instruction morale et religieuse des esclaves et des nouveaux libres.

C'est ainsi que, pour la première fois, la propagation de l'instruction morale et religieuse fut organisée et prescrite d'une manière régulière et efficace dans tous les quartiers de la colonie. Les bons résultats que l'on en a déjà obtenus eussent été immenses, si M. le préfet apostolique eût eu en son pouvoir tous les éléments nécessaires à cet effet.

Le 4 avril 1839, après la tournée qu'il venait de faire dans la colonie, M. le préfet fut atteint d'une maladie fort grave, occasionnée par l'excès de ses travaux et par l'action du climat. Elle fut longue, et donna d'abord de graves inquiétudes.

Quelques mois après, se trouvant assez bien rétabli, M. le préfet se livra, comme à l'ordinaire, aux occupations nombreuses de son ministère. La même maladie reparut encore avec la même intensité : c'était une fièvre inflammatoire, dont les rechutes se succédaient à de courts intervalles. Sa santé resta dès lors dans un état permanent de convalescence; ce qui l'empêchait de suivre avec activité le cours ordinaire de ses travaux.

Un voyage en Europe fut donc jugé d'une indispensable nécessité, et M. Castelli partit pour la France, en congé de convalescence, le 7 avril 1840

Après quatre mois de séjour en France, sa santé

étant devenue meilleure, M. le préfet se hâta de repasser une troisième fois l'Océan ; et, le 22 décembre de la même année 1840, il était déjà de retour à son poste, à la Martinique.

Dès le lendemain de son arrivée dans la colonie, M. le préfet fut repris sérieusement par la même maladie dont il avait été atteint l'année précédente. Cette fois, il lui fut trop évidemment prouvé que le climat du tropique était devenu absolument incompatible avec sa santé.

M. Castelli tenait essentiellement à continuer dans la colonie l'œuvre de sa mission apostolique, et il persévéra à lutter encore dix mois contre cette maladie si opiniâtre et l'influence du climat.

Voyant cependant sa santé dépérir chaque jour, et ses forces physiques trahir son zèle et ses désirs, M. le préfet se trouva dans la nécessité de songer encore une fois à retourner avec un congé de convalescence en France, où il arriva le 9 novembre 1841.

C'est par ce motif qu'il dut se décider à ne point retourner aux colonies.

Le regret qu'éprouve M. Castelli de n'avoir pu, pour cause de santé, continuer dans la colonie l'œuvre apostolique, qui lui coûte déjà tant de peines et de travaux, et dont il se réjouissait de commencer à cueillir les fruits salutàires, se trouve adouci par le souvenir du bien qu'il y a fait, et par les honorables témoignages que lui ont mérités son zéle éclairé et son dévouement à ses devoirs, dans cette importante Mission.

(NOTE DE L'ÉDITEUR.)

FIN DE LA NOTICE.

TABLE DES MATIÈRES

CONTENUES DANS CE VOLUME.

	Pages.
Préliminaire.	1

I.

De l'Esclavage en général.	7

II.

L'Esclavage chez les patriarches et sous la Loi de Moïse.	15

III.

Le Christianisme vient éclairer le monde, et condamne l'Esclavage.	29

IV.

De l'abolition de la traite des Noirs.	67

V.

De l'Émancipation des Noirs.	82

VI.

De l'état actuel de l'Esclavage dans les Colonies françaises.	113
Résumé.	135

PROJET de réorganisation du ministère religieux aux Colonies.	141

I.

De l'éducation religieuse aux Colonies dans les circonstances actuelles.	141

II.

Du besoin de l'adoption d'un Ordre religieux pour les Missions de nos Colonies des deux Indes. 167

III.

Conclusion. 189

Tableau synoptique d'un plan de réorganisation du ministère religieux dans les Colonies. 209

I.

De l'avenir du Clergé actuel des Colonies dans cette nouvelle organisation. 211

II.

Organisation préliminaire de l'Ordre des Pères Maristes dans les Missions de nos Colonies. 213

III.

Dispositions transitoires. 215

IV.

Dispositions spéciales. 216
Tableau collectif des détails. 220
Remarques et conclusion. 222
Notes. 225
Notice historique. 325

FIN DE LA TABLE.

Imprimerie de GUSTAVE GRATIOT, 11, rue de la Monnaie.

www.ingramcontent.com/pod-product-compliance
Lightning Source LLC
Chambersburg PA
CBHW050753170426
43202CB00013B/2410